그리스 수도원 화첩 기행

그리스 수도원 화첩 기행

글 · 그림 : 정미연
펴낸이 : 백기태
펴낸곳 : 성바오로
주소 : 서울 강북구 송중동 103-36
등록 : 7-93호 1992. 10. 6
발행일 : 2011. 9. 20
SSP 931

취급처 : 성바오로보급소
전화 : 9448--300, 986--1361
팩스 : 986--1365
통신판매 : 945-2972
E-mail : bookclub@paolo.net
http://www.paolo.net

값 17,000원
ISBN 978-89-8015-777-8

A Pilgrim to The Greek Convent

Jung Mi Yeon

Copyright © 2011 by Jung Mi Yeon
Published by ST PAULS, Seoul, Korea

ST PAULS
103-36 Songjung-dong Gangbuk-gu 142-806 Seoul Korea
Tel 02-9448-300, 02-986-1361 Fax 02-986-1365

국립중앙도서관 출판시도서목록(CIP)

그리스 수도원 화첩 기행 : 이곳은 모든 것이 깊다 / 글 · 그림: 정미연.
— 서울 : 성바오로, 2011
 p. ;   cm

ISBN 978-89-8015-777-8 03650 : ₩17000

238.2-KDC5
282-DDC21   CIP2011003462

그리스 수도원 화첩 기행

이곳은 모든 것이 깊다

글·그림 정미연

성바오로

머리말

벚꽃이 터널을 이루는 찬란한 봄날이다. 계절과는 상관없이 지구촌 곳곳에는 사람들의 고통스런 신음이 들끓고 있다. 철없는 아이처럼 미숙하게 풀어 놓은 글이 막상 활자화 되고 보니 또 하나의 공해를 만든 건 아닌지 두려워 진다. 그러나 신부님의 기도, 친구의 격려, 가족들이 주는 용기에 다시 마음을 다잡는다.

이 책이 태어난 것은 그리스 출신이신 소티리오스 트람바스 대주교님과의 인연 때문이다. 소나무 숲길이 아름다운 가평 수도원에서 인자하신 대주교님을 처음 뵙던 날을 잊을 수가 없다. 바오로 사도의 길을 따라가는 화문 기행을 기획하던 성바오로출판사는 그리스에서 한국으로 선교를 오신 소티리오스 대주교님을 적임자로 여겼고 계획을 들으신 주교님은 바오로 사도에 대한 사랑으로 기꺼이 이 일을 맡아주셨으며 직접 여행지를 선정하실 정도로 열정을 보여주셨다. 이렇게 바오로 사도의 발자취가 남아 있는 땅을 직접 밟으며 주교님이 직접 쓰신 글과 필자의 그림이 평화신문에 일 년 동안 연재되었다.

주교님의 비서로 일하시는 수녀님도 이 여행길에 동행이 되었는데 여정이 깊어질수록 함께하는 분들을 더 깊이 만나는 가외의 기쁨을 누릴 수 있었다. 대주교님의 깊은 연륜과 수녀님의 순수함, 그리고 이 동행들을 배경으로 그리스정교회 수도원은 얼마나 아름다웠던가!

  여행을 다녀온 후 성바오로출판사의 편집장 신부님에게 여행 이야기를 했더니 그리스 기행문을 직접 써보면 어떻겠느냐고 하신다. 망설이는 나에게 친구와 식구들이 부채질을 한다. 진솔함이 가장 큰 힘이라는 충고대로 어설프게 글쓰기를 시작했다. 이 여행기를 쓰면서 글과 그림이 실은 같은 맥락으로 표현된다는 것을 처음으로 알게 되었다. 글 쓰는 내내 상상 속에서 다시 한 번 그곳을 여행했고 그림을 그리는 내내 '그곳은 모든 것이 깊음'을 다시 한 번 확인할 수 있었다.

  이번 여행을 이끌어 주신 대주교님과 날마다 나를 웃게 하던 수녀님과 소중한 기회를 주신 성바오로출판사에 깊은 감사를 드린다.

정미연

목차

길을 떠나다 — 10

하늘을 두드리는 장엄한 종소리
이스탄불과 아테네

이스탄불의 새벽 공기를 가르다 — 16
성화는 시간을 뛰어넘고 — 20
하늘을 두드리는 장엄한 종소리 — 28
곁에 있는 사람에게 따뜻해지는 것이 행복이다 — 35
화가의 삶은 빈 책에 있다 — 39
이로도또스 극장, 순간과 영원이 혼재하는 곳 — 48
아테네의 오래된 바람 — 52
창조는 고매한 정신이 아니라 일상에서 나오는 것 — 55
작가란 신의 영역에 한 발 들여놓은 사람 — 62

하느님의 시간 인간의 시간
크레타섬의 흐리소피기수도원

수호천사 — 70
바다의 선물 — 90
태양은 바다 속으로 사라져도 슬프지 않다! — 93
자연의 시간, 인간의 시간 — 95
홀로 서라, 고요해지리라 — 99

꽃을 모으다 — 108
사랑은 작은 것에서 시작된다 — 116
약함은 참된 힘 — 130
나는 대기 속에서 은은한 님의 향기를 느낍니다 — 137

바오로
사도의 길
데살로니카와 필립비

데살로니카의 첫 날 — 148
데살로니카의 둘째 날 — 160
데살로니카의 셋째 날 — 167

시간 밖의 시간
공간 밖의 공간
메테오라

메테오라에서는 누구나 깨달은 자가 된다 — 178
보름달이 내 손을 붙잡고 메테오라를 그리네 — 194
홀로하는 여행은 자신을 들여다보는 것 — 198
두 평 성당에서 예수님을 만나다 — 206
웃음까지도 폭발하게 만드는 곳, 메테오라 — 213
간절히 원하는데 하늘이 도와주시지 않을까? — 221
역사 속 그분의 숨결 — 234

수도원 기행 경로

흑해
트라케
케도니아
사모트라케
이스탄불
필리피
네아폴리스
비티니아
데살로니카
베로이아
터키
메테오라
부루사
소아시아
카이아
아르타
아현 까라히살
모스호니씨아
니코폴리스
안티오키아
스미르나
니스
파트라
파트모스
에페소
아테네
고린토
그리스
베르게
림푸스
미라
알라기아
로도스
살모네
크레타

길을 떠나다

짐을 꾸린다. 먼 길 떠나는 여행자의 짐이다. 사람의 생은 어차피 누군가를 떠나 누군가에게 가는 여정이라고 하는데 나는 누구를 떠나 누구에게로 가는 것일까? 떠나는 일은 내가 사랑해 온 것을 다시 돌아보게 한다. 일상의 공간, 나의 애정이 깃든 장소, 주방 싱크 대 위에 얌전히 놓인 남비 받침대, 어지럽게 펼쳐져 있는 그림도구들, 외출에서 돌아올 때마다 반갑게 맞아주는 강아지, 긴 시간 삶을 나누어온 정든 사람들.

떠나는 일은 나를 설레게 하는 마음 속 사랑의 대상을 확인하는 일이기도 하다. 정든 모든 것들을 뒤로 하고서도 찾아 나서고픈 그 무엇, 그것이 마음 속 연인이든 오래 된 꿈이든 일상 속에 숨어 있다가 문득문득 나를 찾아오던 갈망이든.

바오로 사도의 길을 더듬으며
이천 년 전 그분의 믿음, 열정, 고뇌와 기쁨을
되살려 보려는 여정이다.
여정도 특별하지만 여정의 동반자도 특별하다.

우여곡절 끝에 나서게 된 그리스 여행은 바오로 사도의 길을 더듬으며 이천 년 전 그분의 믿음, 열정, 고뇌와 기쁨을 되살려 보려는 여정이다. 여정도 특별하지만 여정의 동반자도 특별하다. 그리스 정교회의 수도자들, 한 분은 한국에서 반생을 사신 대주교님이고 한 분은 검은 수도복에 평생을 묻고 사는 수녀님이다. 길이 있고 동반자가 있고 목적지가 있다. 이것으로 충분하다. 여름 아침 대기 속에 잠겨 있는 집이 고즈넉하다. '한 달 동안 잘 있어.' 한 달 동안 주인을 기다릴 집을 돌아보며 속으로 인사를 하고 공항으로 가는 차에 오른다.

길은 이제 시작되었다.

하늘을 두드리는
장엄한 종소리

이스탄불과 아테네

이스탄불의 새벽 공기를 가르다

자정에 출발하는 터키 항공을 탔다. 대주교님께서는 열흘 먼저 출발하셨고 수녀님과 나는 뒤이어 미지의 세계를 향해 떠난다. 바오로 사도께서 매 순간 이끌어 주시리라는 맹목적인 믿음이 있다. 그래서 내 마음은 평화롭다 못해 허허롭기까지 하다.

떠나기 전 소설가 강석경씨로부터 미리 "터키 (1만년의 시간여행)" 라는 책을 소개받고 여러 번 책 속으로 시간 여행을 했었다. 기본적인 유럽사와 그리스 역사도 알아야겠기에 늦은 나이에 다시금 역사공부도 하고 그림을 위한 다양한 밑바탕 작업도 했다. 여행을 떠나기 전에 나는 소라도 잡을 것 같은 과한 준비를 하곤 한다. 이번에도 어김없이 트렁크 속은 준비물들로 가득 차 있다. 여행 중 만나는 신선한 감동들을 어떻게 그림으로 풀어야 할까? 너무 고민하지 말자. 마음 가는 대로 맡겨두자.

밤새도록 하늘을 날아온 비행기가 드디어 이스탄불에 착륙했다. 우리의 목적지는 '조오도호스삐기' 수도원이다. 조금 기다리자 수녀원의 떼오 무니스띠 수녀님이 우리를 마중 나왔다. 환한 미소와 큰 키에 시원스러운 모습이 너무도 매력적인 분이다. 여행 중 가장 가슴에 남는 추억을 공유하게 될 수녀님이 첫 마중을 나와 주셨다는 것도 우연일 리는 없다. 우리들은 새벽공기를 가르며 이스탄불의 거리를 달렸다. 강을 따라 이슬람 사원의 섬세한 선들이 도시

우리들은 새벽공기를 가르며
이스탄불의 거리를 달렸다.
강을 따라 이슬람 사원의 섬세한 선들이
도시를 인상적으로 만들고 있다.
뉴욕의 맨하튼처럼.

를 인상적으로 만들고 있다. 뉴욕의 맨하튼처럼.

이스탄불 외곽에 있는 수도원에 도착했다. 새벽녘 수도원의 정적을 깨고 세 분의 수녀님과 인사를 했다. 얼굴과 손만 드러낸 검은 수도복은 수도자의 얼굴을 더욱 빛나게 하는 것 같다. 세 분의 수녀님 모두 모델로도 손색이 없는 아름다운 모습들이다. 잠시 크로키의 유혹이 스쳐가고… 어쩌면 저렇게도 평화로운 웃음을 지니고 계실까? 나도 따라서 미소를 지어본다. 아침이지만 여름의 끝자락인 이곳은 더위가 작열한다. 숨이 막혀온다. 그러나 수도원 정원 한가운데 선 큰 플라타너스의 그늘이 열기를 밀어내고 있다. 수도원 전체가 그 지방에서 나온 대리석으로 덮여 눈부시게 깨끗하다. 수녀님은 집처럼 편안하게 푹 쉬라면서 내가 묵을 방을 내 주셨다. 손으로 짠 흰 레이스 커튼이 쳐져 있는 절제되고 깨끗한 방이었다. 두 시간 정도 그 성스러운 방에서 깊은 잠에 빠졌다.

꿈 같은 잠이었다.

성화는 시간을 뛰어넘고

이스탄불에서 내가 가장 먼저 보고 싶은 곳은 호라 성당 Khora Church 이었다. 호라 성당은 구 이스탄불의 서쪽 끄트머리 좁디좁은 골목 안에 위치해 있다. 책 속에서 여러 번 봐왔던 감동적인 성화들을 직접 보게 되다니! 가슴이 쿵쿵 뛴다.

한 장소에서 이렇게 많은 성화를 볼 수 있다는 것은 영적 보물을 한꺼번에 만나는 크나큰 축복이다. 그다지 크지 않은 성당이지만 온 벽면과 천장이 성화로 가득 채워져 있다. 믿을 수 없을 만큼! 성화를 연구하는 분들은 이 장소 한 곳만으로도 수십 편의 논문을 쓰기에 부족함이 없을 것이다. 그림의 구도나 정신성, 묵직한 색깔, 세월이 보태어준 질감의 깊이. 구도자의 자세가 아니면 도저히 이루어 낼 수 없는 하나하나 엄청난 정성들.

감동이 내 영혼을 저 너머의 세계로 데려다 주는 것 같다. 호라 성당의 아름다운 모자이크가 완성된 14세기는 비잔틴 제국의 르네상스라고 일컬어진다. 그 시대의 지식인들은 비잔틴 제국의 고유한 정신세계를 로마 문명에 물들지 않은 시점인 고대 그리스에서 찾았다. 고대 그리스의 철학과 문학은 인간중심적이고 이성에 바탕을 둔 합리주의로 르네상스 지식인들의 예술혼의 원천이었다. 이때 만들어진 호라 성당의 성화는 전에 볼 수 없었던 원근법과 정교한 세부묘사로 생동감이 넘친다. 그런 까닭에 이 성화들은 시간을 훌쩍 뛰어

고개를 젖히고 이 위용이 넘치는
천정을 바라보노라면 우주가
함께 돌고 있는 듯한 착시 현상이 일어난다.
가슴이 벅차온다.

넘어 근대적이다.

성화를 감상할 때 그 성당이 누구에게 봉헌된 곳이고 어떤 주제를 다루고 있는지를 먼저 확인하는 것은 퍽 중요하다. 알고 나서 그림을 접하면 주제가 확연히 보인다. 이 호라 성당은 예수님과 성모님께 봉헌된 성당으로 성화의 내용은 두 분의 생애에 관련된 것들이다. 성당 정문에서 감상을 시작하면 작가의 용의주도한 주제 전개를 따라 두분의 전 생애를 깊이 이해하게 된다.

그리고 호라 성당의 특징은 성화마다 설명하는 문구들이 적혀있다는 점이다. 이곳에서 가장 감동적이었던 곳은 성당의 안쪽 주랑에 솟은 두 개의 돔이었다. 하나는 성모님의 가계도가 그려진 돔이고 또 하나는 예수님의 가계도가 그려진 돔이다. 방사선으로 퍼진 홈 사이사이에 구약시대 열 한 분의 선지자들과 그리스도 조상 스물네 분을 그려두었다. 이 건물은 설계 단계부터 이미 성화를 염두에 두고 기획되었다고 한다. 깊숙하게 파인 홈은 손톱 크기만한 금 조각을 모자이크하여 찬란한 빛을 발한다. 고개를 젖히고 이 위용이 넘치는 천정을 바라보노라면 우주가 함께 돌고 있는 듯한 착시 현상이 일어난다. 가슴이 벅차온다.

인간이 신을 찬양하려는 의지는 도대체 어디까지일까? 신께 바치는 인간의 정성은 동서양을 막론하고 이 지구의 구석구석을 불가사의하리만치 아름답게 꾸미고 있다. 이곳에서 가장 핵심적인 벽면은 '데이시스'다. 성모님께서 위쪽에 계신 예수를 향해 두 손을 벌려 무엇인가를 간청하는 듯한 자세를 가리

켜 그리스어로 '데이시스'라고 한다. 이슬람 지배 하의 역사적 혼란으로 모자이크 벽들이 수난을 당해 군데군데 뜯겨 있다. 그러나 핑크색 배경으로 나타난 이 거룩한 성화는 여전히 눈부시다.

"파레클레시온"은 그리스말로 성당에 부속된 성당이라는 말이다. 이곳에 있는 그림은 모두 프레스코화이다. 프레스코화란 소석회에 모래를 섞은 모르타르를 벽면에 바르고 수분이 남아 있는 동안 채색하여 완성하는 회화를 말한다. 아직 수분이 남아 있는 동안 완성해야 하므로 '신선하다'라는 뜻의 '아 프레스코' a fresco 라는 말로 부른다. 본당이 살아있는 사람들의 나라, 즉 천국이라면, 부속 성당은 죽은 자들의 나라, 즉 지옥을 상징한다. 그래서 이곳의 성화들은 죽음과 최후의 심판, 부활 같은 음울하고 무거운 주제를 담고 있다. 이곳에서 가장 인상 깊었던 그림은 최후의 심판이다.

천사가 달팽이 모양의 우주를 떠받들고 있고 가운데는 예수님이, 예수님 곁에는 성모님과 요한이, 그 좌우로는 열 두 사도들이 천사들에게 둘러싸여있다. 예수님 발 아래로 핏빛 강물이 흐르고 있다. 섬뜩하다. 이 엄청난 분량의 성화들을 모두 이야기하기는 역부족이다. 비잔틴 미술을 새롭게 평가하게 만드는 호라 성당은 더 없이 귀한 명소이다. 이스탄불을 여행하는 이들에게 호라 성당에는 꼭 가보라고 권하고 싶다. 몇 시간 동안 미친 듯이 성화감상을 하고 영적 양식을 배불리 먹은 우리는 배가 고팠다. 벅찬 마음을 억누르며 나무 그늘이 멋진 광장에서 터키 음식을 먹었다. 고양이와 개들이 여유작작하게

나는 맑은 영혼의 소리에
홀린 듯 빨려 들었다.
거룩한 순간이었다.

손님 사이를 오간다.

    몸과 마음이 풍성해진 한나절이다.

수녀원으로 돌아온 우리는 수녀님이 정성껏 준비한 점심을 먹었다. 붉은 피망을 김치처럼 크게 썰어 절인 신기한 음식과 올리브를 듬뿍 넣고 감자와 가지를 오븐에 구은 음식이다. 식사 후에는 역사 깊은 수도원 곳곳을 둘러보았다. '조오도호스뻬기' 라는 말은 생명을 주는 샘물과 성모님을 뜻하는 말이라고 한다. 지하 성당을 내려가면 기적의 성수가 가득한 샘이 나타난다. 그 속에 물고기도 살고 있다. 묘한 분위기 속의 작은 지하 성당에서 테오 수녀님이 그 성당에서만 부르는 찬양 노래를 불러 주시겠단다. 나는 맑은 영혼의 소리에 홀린 듯 빨려 들었다.

    거룩한 순간이었다. 성수를 담은 병을 선물로 받고 문밖으로 나가니 정원 한켠에 역대 총 주교님들의 대리석 무덤이 나타난다. 삶과 죽음이 공존하는 풍경이다. 수도원 곳곳에는 수녀님들이 정성으로 키운 선명한 빛깔의 꽃들이 가득했다. 꽃들은 고풍스러우면서도 격조 있는 이 수도원에 생생한 활기를 주고 있었다. 이곳의 문지기 아저씨는 잠을 자지 않는다고 한다. 그런데도 피곤해 보이지 않는 저 선량한 얼굴과 유난히 맑은 눈동자는 대체 어디에서 오는 것일까?

    이스탄불이라는 이국적인 도시, 고풍스럽고 깨끗한 수도원, 신비로운 베일에 감싸인 수녀님들. 짧지만 긴 하루 위에 이 모든 것들이 겹쳐지고 있다.

하늘을 두드리는 장엄한 종소리

좀처럼 비가 내리지 않는다는 터키. 그런데 내가 도착하자마자 단비가 흠뻑 내린다. 이곳은 콘스탄티노플, 이스탄불이라는 이름으로도 불리는 곳이다. 성 요르기오스 대성당에 도착했다. 이곳은 너무도 크고 엄숙하다. 섬세하게 조각된 의자, 오래된 비잔틴 성화들, 긴 세월 태워서 봉헌한 밀납 초 향기가 난다. 그리스 정교회의 총 대교구청 성당이다. 수염을 길게 기른 연로한 그리스 주교님들의 장대한 행렬이 시작된다. 영화 〈장미의 이름〉에 나오는 수사님들과도 흡사한 모습이다.

오늘 미사는 백 여분에 가까운 그리스 신부님들로만 집전하는 성찬 예배이다. 등받이가 긴 갈색의자들이 질서정연하게 놓여 있다. 그곳에 그리스 주교님들이 거룩한 자세로 앉아 계신다. 모습만으로도 우리를 깊은 영성의 세계로 데려다 주시는 것 같다. 까만 베일에 둘러싸여 얼굴만 드러낸 수녀님들. 신비로운 검정색으로 이곳은 더욱 엄숙하고 거룩해진다. 드디어 총 대주교님께서 지팡이를 들고 천천히 들어오신다. 신비로운 그리스 언어의 미사가 시작된다. 송광사에서 울려 퍼지는 스님들의 대 장엄송처럼 바리톤의 굵은 목소리가 영혼의 찬가를 품어 낸다.

하늘을 두드리는 거대한 종소리다.

깊다.

엄숙하다.

세 시간 넘게 드리는
장엄하고 클래식한 예식의 분위기에
나는 그만 압도당하고 말았다.
저 먼 시간에서 온 목소리들이다.

더 이상 적절한 말을 찾을 수가 없다. 세 시간 넘게 드리는 장엄하고 클래식한 예식의 분위기에 나는 그만 압도당하고 말았다. 저 먼 시간에서 온 목소리들이다. 정교회는 일찍부터 음악이나 시, 그림, 교회 건축물 등 예술적 수단이 하느님의 거룩한 사업에 크게 도움이 된다는 사실을 깨달은 교회다. 그래서 대부분의 미사에는 성 음악이 사용된다. 정교회의 미사곡은 동양이 건네준 서양의 음악이랄까? 묘하게 인도의 선 음악과도 닮아있는 선율들 속에서 나는 새로이 신앙의 깊이에 잠겨든다.

터키 일정의 대 장정이 끝나고 오후에 수녀님과 나는 아테네로 향했다. 공항에서 수속을 마친 후에도 두 시간 가까이 기다려야 했다. 터키여행을 기념할 만한 CD 몇 장을 사고 여기저기 기웃거렸지만 아직도 시간은 엄청 남는다. 둘 다 피곤에 절어 개찰구 앞에서 남은 시간을 죽이기로 한다. 그런데 탑승 이십 분 전인데도 아무 기척이 없다. 이상한 마음에 승무원에게 물어보니 게이트가 바뀌었단다. 티켓에도 적혀 있었는데 잠깐 사이에 바뀔 줄은 정말 몰랐다. 숨이 턱에 차도록 공항을 달리는 두 사람을 상상해 보라. 치렁치렁 베일에 싸인 동그란 얼굴의 수녀님과 짧은 삐쭉머리에 길쭉한 동양여자를. 초등학교 달리기 때보다 더 필사적으로 달린 것 같다. 헉헉거리며 자리에 앉자, 바로 비행기는 출발한다. 왠지 둘이서 몸으로 부딪쳐야 하는 계획들이 기다리고 있을 것 같아 개구쟁이처럼 키득키득 웃는다.

드디어 아테네에 도착했다. 7년 동안 이곳에서 공부한 백 수녀님과 함께 하는 여행은 천군만마를 거느린 장군보다 더 든든하다. 택시를 탔다. 차 안에 틀어 놓은 음악이 예사롭지 않다. 음악은 언제나 내겐 친구 같은 존재다. 감성을 건드리는 노래를 만나면 난 절대 놓치지 않는다. 노래에 대한 멘트를 하자, 이 택시 기사, 물 만난 고기처럼 그리스 말을 쏟아 놓는다. 수많은 곡들을 들려주며 음악에 대한 열정적인 해설까지 붙인다. 앞도 보지 않고 운전을 하는 통에 내 마음은 조마조마, 손에 땀이 다 난다. 택시는 음악을 따라 출렁이고 아테네는 우리를 반기며 출렁인다.

택시는
음악을 따라 출렁이고
아데네는
우리를 반기며 출렁인다.

곁에 있는 사람에게 따뜻해지는 것이 행복이다

한국인이 경영하는 민박집에 도착했다. 가족용 방을 내줘서 3층 전체를 사용할 수 있게 됐다. 불빛에 빛나는 아크로폴리스가 우리 방에서 환히 보인다. 행운이다! 모처럼 한국 식단으로 저녁을 준비해 보자!

 천년고도의 도심을 돈키호테와 산초는 여유롭게 휘젓는다. 거기가 거기 같은 도로를 돌고 돌아 마트에서 장을 보고 돌아오는데 도대체 우리 숙소를 찾을 수가 없다. 한 바퀴, 두 바퀴, 세 바퀴째 나도 모르게 짜증이 난다. "아니! 수녀님은 7년이나 사셨다면서... 길치예요?" 피곤이 겹친 끝이라 쇳소리가 났다. 수녀님은 영화 슈렉에 나오는 고양이 포즈로 두 손을 겨드랑이에 끼고 "우리 대주교님은 한 번도 그렇게 얘기하시지 않으세요. '길을 잊었어요? 천천히 다시 생각해봐요.' 하신다구요." 그 표정이 얼마나 순수하고 천진한지 갑자기 뒤통수를 해머로 맞은 것 같다. 아! 그래. 바오로 사도가 온유함을 가르치고 계시구나! 유명세를 치르는 남편에겐 치다꺼리하는 아내로, 아이들에겐 바쁜 엄마로, 나름대로는 내 속에서 치솟는 작업욕을 소홀히 할 수 없는 작가의 한 사람으로 1인 4역도 넘는 삶에 내 목소리는 언제나 쇳소리를 내고 있지!

 온유의 순간! 이 깨달음을 삶의 레일 위에 올려놓고 살 수 있다면 내 인생이 얼마나 부드러울까! 수녀님, 이번 여행에서 받은 큰 선물입니다! 순간순간 실천해 보도록 노력 할게요. 백 수녀님~! 살구빛 목소리로 애교를 떨어본다.

그렇게 평화롭게 골목을 돌고 나니, 세상에! 바로 앞이 우리 숙소다. 양배추를 썰어 물김치를 담고, 짐 속에 넣어온 라면 포트로 된장찌개를 끓이고, 양파 넣은 계란말이를 굽고보니 아테네 중심가에 차린 풍성한 한식 차림이다. 수녀님과 나는 마주보고 깔깔 웃는다.

  바로 곁에 있는 사람에게 따뜻해지는 것, 그것이 행복이다.

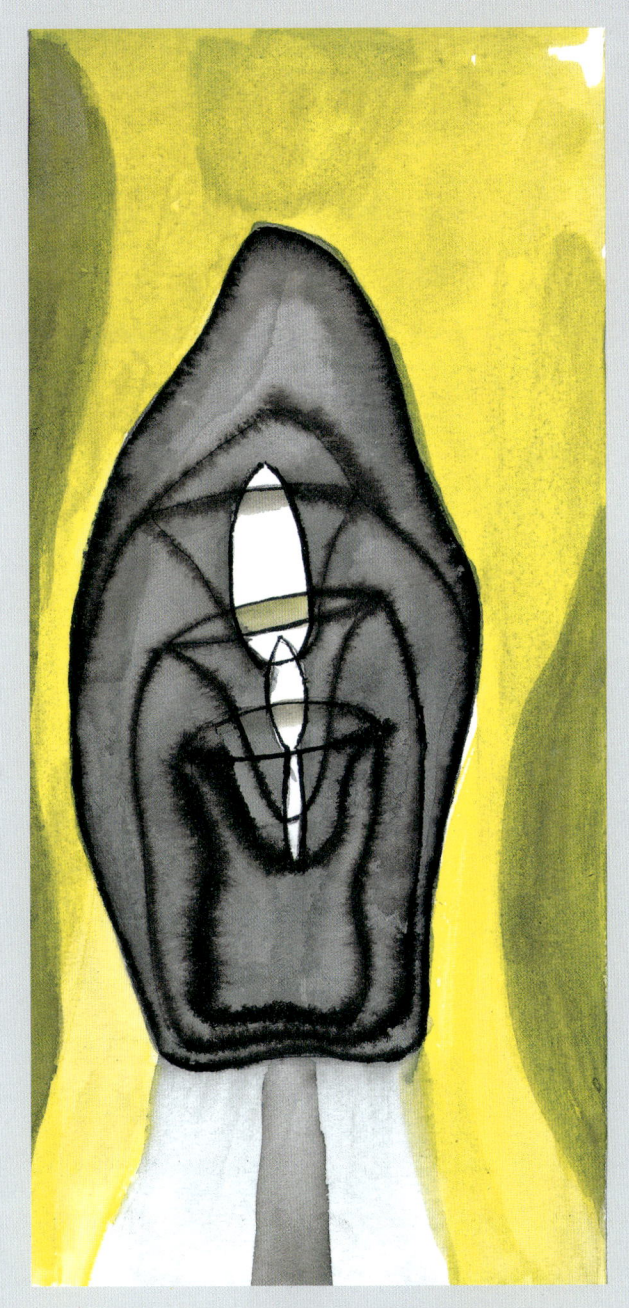

바로 곁에 있는 사람에게
따뜻해지는 것
그것이 행복이다.

화가의 삶은 빈 책에 있다

그림을 그리며 산다는 것은 공책을 끼고 사는 것이다. 공책이란 '빈' 책이다. 화가의 삶은 바로 그 빈 책에 있다. 새로운 것에 다가가는 것. 오늘도 아테네를 빈 노트에 채워보려 쁠라카 주변을 달려본다. 누가 돈키호테인지, 누가 산초인지. 지금까지는 단체 여행이기에 개인적인 시간을 만들 수가 없었다. 그러나 이제부터는 시간을 온전히 요리할 수 있다. 감동과 충격을 줄 소재를 찾아 세포를 열어야 한다. 그 소재들은 내 마음 안에서 곰삭을 것이다. 감히 그림에서 신의 몫이 전달되기를 소망해 본다.

그 유명한 아크로폴리스에 간다. 아침인데도 세계 각처에서 몰려온 수많은 관광객들로 인산인해다. 내가 이번 여행에 나선 것은 대주교님이 평화신문에 연재하는 원고의 일정에 따라 바오로 사도의 길을 순례하기 위한 것이다. 대주교님의 글 가운데 중요한 부분을 차지하는 "아레오파고" 법정. 그 곳은 아크로폴리스의 파르테논 신전 맞은편에 자리하고 있다. 사도 바오로께서 그리스도인들에게 참된 신을 선포하셨던 장소이다. 성경 속에 나오는 장소여서인지 많은 신자들이 오르내려 길이 반짝반짝 미끄러질 것 같다. 눈에 보이는 언덕은 대단한 형태는 아니지만, 그 곳이 담고 있는 영적 가치가 빛을 뿜는다.

사도께서 세상을 향해 진리를 설파하신 장소 "아레오파고". 이 지구 위 수많은 영혼들이 자유를 얻고, 지구의 중심축에 우뚝 서 계신 바오로 사도를 느껴본다. 연재할 그림의 얼개를 마음으로 그린다.
   우주 속의 그 분을!

아크로폴리스를 내려오다 고대 연극장에서 공연 일정을 알아보았다.
   이곳에서 공부한 수녀님이 아니면 꿈도 꿀 수 없는 일. 마침 오늘 저녁 9시에 고대 그리스 희극 공연이 있단다. 오래된 고대 공연장에서 나나 무스꾸리가 노래하는 비디오를 본 적이 있다. 노래도 훌륭했지만 고풍스런 분위기에 반했었다. 언젠가 기회가 온다면 꼭 한 번 경험해보리라 기대했었는데 마침 표가 있다니! 하느님, 감사합니다!

표를 예약하고 아크로폴리스 박물관으로 향했다. 그리스가 고대 문명의 발상지임을 나타내듯 배 형상의 모던한 박물관은 첫 항해를 준비하는 듯하다. 입구는 바닥 아래가 훤히 보이도록 설계되어있다. 아테네는 땅 밑이 모조리 유물들로 가득하다는 것을 무언으로 자랑하려는 걸까? 입구에 세워놓은 부엉이 조각이 친근감을 더해준다. 5년 동안 평창동 정원에서 식구처럼 키웠던 우리 부엉이들 생각에 절로 눈길이 간다.

내부 또한 시원스럽게 설계되어있다. 고대 신화 속 인물들과 유구한 역사의 유물들. 엄청난 분량의 조각들과 토기, 장신구 등등. 특히 파르테논 신전의 윗부분 조각품들은 분량부터가 나를 압도한다. 잘 진열되어있는 현대식 숍을 돌고 레스토랑에서 다리를 쉬었다. 아크로폴리스의 전경이 유리창 너머로 시원하게 내다보인다. 맛도 있지만 값 또한 싸고 우아한 그 곳은 쉬기에 훌륭한 공간이다. 박물관의 레스토랑은 정말 근사하다. 그리스에서 수녀님과 나의 기호가 완벽하게 일치하는 것은 그리스 냉커피! 에스프레소 가루 커피로 거품을 어떻게 내는가가 향을 좌우한다고 한다. 내가 좋아하는 완벽한 농도와 향기다. 그리스 커피는 그리스를 더욱 사랑하게 만든다. 우리 둘은 그리스에 있는 동안 하루에 한 잔씩은 꼭 마시자고 약속했다. 아테네를 방문하시는 분 모두 꼭 그리스 커피를 맛보시도록! 그리스와 진정 사랑에 빠지실 테니.

다음 코스는 비잔틴 박물관. 외부 건물은 그다지 커 보이지 않았다. 수녀님은 이미 가 본 곳이란다. 쉬면서 기다리기로 했다. 한 시간 정도면 충분할 것 같

그리스가 고대 문명의
발상지임을 나타내듯
배 형상의 모던한 박물관은
첫 항해를 준비하는 듯하다.

아! 나는 영원을 향한
위대한 예술 앞에 무릎을 꿇는다.

았던 예상은 여지없이 무너졌다. 터키의 호라 성당에서 흥분했던 것처럼, 이곳 또한 성화의 보물창고이다. 엄청난 분량의 성화들. 작품마다 발걸음을 쉽게 뗄 수가 없다. 십자가 형태가 어쩌면 이리도 다양할 수 있단 말인가! 십자가를 이루는 재료들도 나무, 금, 은, 사파이어, 도자기, 루비 등등 이루 말할 수 없이 다채롭다. 필사본으로 된 성경책들, 은세공의 장정들, 그 시대의 주화, 화려하고 정교한 자수로 만든 제의들, 창세기부터 성서의 엄청난 비밀들을 초월적 신비로 풀어낸 방대한 성화들…. 아! 나는 영원을 향한 위대한 예술 앞에 무릎을 꿇는다. 이렇게 찬란한 비잔틴 미술들이 우리에게는 왜 그렇게 멀리만 있었을까? 아니면 나만 문외한이었나? 깊고도 장대하고, 초월적이면서도 찬란한, 형언할 수 없는 그리스의 아름다움이 내 가슴에 깊이 각인된다.

주님! 이렇게 부족한 저에게 감당키 힘든 귀한 보석을 주시다니! 감사합니다. 홀린 듯 문을 나설 때, 비로소 수녀님 생각이 났다. 눈 깜빡 할 사이에 네 시간이 흘러가 버렸다. 놀라서 달려간다. "데레사 자매님이 이렇게 좋아할 줄 알았다"면서 빙긋 웃으신다. 또다시 찾아온 온유의 순간. 여행 내내 나는 이렇게 인생수업을 할 것이다. 삶은 풀어가는 방식에 따라 이렇게 넉넉하고 평화로울 수 있다는 것을 매순간 잊지 말아야지!

이로도또스 극장, 순간과 영원이 혼재하는 곳

저녁 8시경. 우리는 아크로폴리스 밑에 있는 "이로도또스" 극장으로 갔다. 고대 그리스 희곡작가 "아리스토파네스"의 "아하르니스"라는 연극이다. 발음들도 참 쉽지 않다. 쁠라카 주변은 연극을 보러 가는 사람들로 넘쳐난다. 쁠라카의 이곳저곳은 가난한 연주자들의 음악소리로 광장 전체가 들썩이고 있다. 시공을 초월한 문화의 향연. 문화를 사랑하는 2000년 전 사람들이 모여들던 그 장소에, 2000년 후 문화를 사랑하는 사람들이 여전히 모여들고 있다. 그 시간의 크기에 나는 또 흥분한다.

수녀님과 나는 이 엄청난 무리 속의 한 점이 되어 공연장의 중앙 제일 끝 좌석에 앉았다. 그런데 옆 좌석의 여인은 터키 여행을 같이 한 분이 아닌가! 이렇게 많은 사람들 가운데 옆자리에 앉다니! 우리는 반갑게 인사를 한다. 드디어 조명이 꺼지고 공연이 시작된다. 알아들을 수 없는 대사지만 배우들의 몸짓만으로도 충분히 이해가 된다. 나는 연극의 내용보다 현재의 이 공간을 온몸으로 느껴보고 싶다. 나의 모든 세포를 열어놓고! 무대를 비켜서니 반달이 눈에 박히고, 여태까지 안 보이던 별들도 출현한다. 현란한 무대와 수많은 인간이 서서히 사라지면서, 내 마음 속에 고대 그리스의 왕과 현자들이 나타난다.

인생이란 한 사람이 세상이라는 공간을 여행하는 시간이다. 그 공간에 머물며 그린 궤적은 개개인의 여행담이 되고, 수많은 사람들의 여행담이 모이면

나는 연극의 내용보다
현재의 이 공간을
온몸으로 느껴보고 싶다.
나의 모든 세포를 열어놓고!

하나의 역사가 된다. 이곳은 순간과 영원이 혼재하는 장소이다. 나는 이 감동적인 순간을 몰래 비디오에 담아본다. 기계가 이 시공을 초월한 기운을 모두 담아낼 수 있을까? 살아가면서 이런 멋진 밤이 몇 번이나 다시 찾아올까?

  가슴 뛰는 밤이다!

아테네의 오래된 바람

돌아오는 길. 거리의 악사들이 열정적으로 연주를 한다. 연주 위로 아테네의 오래된 바람이 분다. 그런데 광장의 끝자락쯤에 많은 사람들이 뭔가를 둘러싸고 있다. 퍼포먼스다! 꼭 봐야겠다! 수녀님께 말한다. "내가 불도저처럼 저 속을 뚫어 볼 테니, 그냥 고개 푹 숙이고 따라만 오세요." 나는 갑자기 돈키호테가 된다. 이 순간이 지나면 다시는 이 장소에 없을 테니까. 한국의 아줌마다운 극성으로 우리는 맨 앞줄에 섰다.

아! 이럴 수가! 아래 위 까만 타이즈 차림의 여인이, 우리 키 반 만한 나무 꼭두 인형으로 발레를 한다. 멜랑꼴리한 바이올린 선율은 꼭두 인형에게서 눈을 뗄 수 없도록 마술을 부린다. 빨리 비디오를 찍어야지! 그런데 비디오 카메라에 건전지가 없다. 명장면은 언제나 가슴에만 담아두라는 그 분의 뜻인가? 아쉬운 마음을 접고 그녀가 만드는 마술세계로 들어간다. 꼭두 인형이 그려내는 선과 그림자 속 여인이 풀어내는 선이 바이올린이 만들어내는 무궁한 선율 위에서 새로운 한 세계를 만들고 있다. 나무토막 인형이 환상의 나라로 우리를 이끌고 간다.

순수! 열정! 고독! 사랑! 예술! 오늘 하루를 위해 그 동안 무수히 많은 날들을 숨죽이며 기다려 왔나보다. 여인이여! 당신의 가난한 예술에 아낌없는 갈채를 보내오.

꼭두 인형이 그려내는 선과
그림자 속 여인이 풀어내는 선이
바이올린이 만들어내는 무궁한 선율 위에서
새로운 한 세계를 만들고 있다.

창조는 고매한 정신이 아니라 일상에서 나오는 것

아테네에서 맞는 셋째 날. 예술은 삶이다. 새로운 아이디어이고, 기술이기도 하다. 새로운 아이디어와 기술이 모여 삶을 만들고 그 가운에 창조가 일어난다. 창조는 고매한 정신세계에서 나오는 것이 아니고 일상에서 나온다. 오늘도 전쟁터에 나서는 군인처럼 스케치북을 준비하다 우연히 보게 된 조각가 김종영 선생의 메모이다. 오늘 하루가 왠지 이 메모의 내용과 엮여 있을 것 같다. 우리는 국립현대미술관부터 시작하기로 했다. 입구에 들어서니 한 건축가의 작품이 전시되어 있다. 실망해서 아트 숍이나 구경하려고 들어서니 아무도 없다. 오히려 그 곳의 작품들이 재미있어 둘러보는데 코너에 책들이 수북이 쌓여있다. 아마 다시 정리하려고 쌓아 놓은 것일 게다. 구경삼아 책장을 넘기다보니, 근현대 그리스 작가의 작품집이다. 먹이를 만난 하이에나처럼, 본능적으로 책을 펼치고 몰래 쉴 새 없이 카메라 셔터를 누른다. 굉장한 자료다.
  옆에서 새파랗게 질린 수녀님 모습이 애처롭기는 하나, 나는 멈출 수가 없다. 이 장면이 오늘 아침 만난 메모 속의 예감인가? 나는 또 한 번 돈키호테 역을 하고 있나? 그 많은 책들에 눈도장 찍기를 끝낼 즈음 여직원이 들어온다. 천연스레, "저기 케이스에 들어있는 큰 책 좀 볼 수 있나요?"라고 물었다. 물론 보여주겠단다. 자물쇠를 열고 커다란 책을 꺼낸다. 그리스 최고의 작가들의 작품이 실린 천연색 화집이다.

천천히 구경하고, 여유 있게 고맙다는 인사를 하고 나온다. 수녀님은 아직도 떨고 계시네? 가야 할 여정은 아직도 먼데 우리 둘의 조율은 이제야 시작이니 미안하기 한이 없다. 책도둑은 도둑이 아니라는 흰소리를 넌지시 뱉는다. 이런 뻔뻔이가 있나! 나는 깔깔 웃으며 이층으로 올라갔다. 이층에는 예상 밖으로 그리스 현대 작가의 작품들이 엄청나게 전시되어 있다. 미술은 문화의 깊이를 그대로 드러낸다. 거기다 종교적 깊이까지 배여 있는 작품들이니 내 키가 또 한 뼘 자란 듯하다.

다음으로 우리는 미술 재료상에 갔다. 공과대학과 예술대학이 함께 있고, 대학 옆에 화방이 있었다. 이콘 작업을 하는 분의 부탁도 있고, 나 역시도 새로운 재료를 구경하고 싶어서였다. 바로 이콘화 작업을 할 수 있게 만들어진 캔버스가 눈에 들어온다. 몇 장을 산다. 주인아줌마는 수녀님과 잘 아는 사이이다. 한국에서 온 화가라는 소개에 물감 다섯 개를 선뜻 선물한다. 그림이라는 매체를 통해 정이 오고간다.

그리고 우리는 빗방울이 떨어지는 골목길을 지나 서점으로 들어갔다. 이국에서 보는 대학 분위기 탓인지, 갑자기 학생처럼 지낸 뉴욕 생활이 떠오른다. 남편은 아이들 키우느라 고생 많았으니 당신도 아이들과 같이 공부해 보라고 보너스를 주었다. 세계 미술의 중심인 뉴욕에서 하루를 48시간으로 지내던 때였다. 아이들은 학교에 보내놓고 나는 온 세포를 열어 보이는 것마다 흡착기처럼 빨아들였다. 42번가에 있는 뉴욕 시립 도서관으로 매일 출근했다. 미

미술은 문화의 깊이를
그대로 드러낸다.
거기다 종교적 깊이까지
배여 있는 작품들이니
내 키가 또 한 뼘 자란 듯하다.

하느님과 인간 사이
약속의 상징이기도 한 이 무지개가
이번 여행에 행운을 줄 것 같아
눈시울이 뜨거웠었다.

술서적이 있는 코너 앞에 서서 먼저 블록을 나눈다. 그 다음 엄청나게 많은 책들을 차례차례 스캐닝한다.

한 장소에서 위대한 작가들과 작품 리스트가 거름망에 걸러지듯 착착 작성된다. 어제는 파울 클레. 오늘은 팔라미모, 내일은 알프. 이렇게 책을 곁에 두고 정교하게 스케치하며 작가들의 거대한 생을 탐구해 갔다. 노트가 쌓여감에 따라 내 정신세계는 한 치씩 확장되어 갔다. 엄청난 숫자의 책들과 사랑에 빠져든 나는 이제는 멀리서 책 표지만 봐도 속에 든 것을 능히 감지한다. 우리는 아테네에서 가장 크다는 7층 건물의 서점으로 갔다. 바깥은 천둥 번개가 요란하다. 9월 아테네의 비는 퍽 귀하다고 한다. 그러나 책 속에 묻혀있는 우리에게 바깥 날씨는 아랑곳없다. 아테네 서점에서 내 두 눈은 다시 책과 사랑에 빠져버렸다. 오늘은 수백 권 분량의 그림들을 보았다. 용량 초과된 나의 뇌는 쉬자고 아우성이다. 거리로 나선다.

갑자기 다른 세상 속으로 온 것 같은 착각 속에 걸음을 떼는 순간, 하늘과 땅을 잇는 무지개가 보였다. 무지개! 이번 여행을 떠나기 전 경주에서 커다란 쌍무지개를 봤다. 하느님과 인간 사이 약속의 상징이기도 한 이 무지개가 이번 여행에 행운을 줄 것 같아 눈시울이 뜨거웠다. 무지개까지 보여주시다니! 땅에 엎드려 감사를 드리고 싶다.

작가란 신의 영역에 한 발 들여놓은 사람

비가 개어 상쾌해진 쁠라카의 구석구석을 산책했다. 주변의 갤러리를 도는데 유난히 관심 가는 작품이 있다. 열심히 셔터를 누른다. 현대 미술관에서도 보았고 갤러리에도 있는 걸 보니 그리스에서 인기작가인가보다. 숙소를 향해 모퉁이를 돌았더니 갑자기 바로 그 작품이 가득 전시되어 있는 갤러리가 나타난다. 수녀님과 나는 갤러리로 들어갔다. "야니"라는 작가가 직접 경영하는 갤러리다. 그런데 소개하는 이가 본인이란다. 어떻게 이런 행운이! 오늘 본 무지개가 가져다 준 행운일까? 우리는 즐겁게 악수를 하고, 당신의 작품이 우리를 이리로 이끌어 왔노라고 극찬을 한다. 칭찬은 고래도 춤추게 한다고 그는 신이 났다. 팜플렛들을 꺼내 한 움큼 쥐어 준다. 우리는 함께 사진도 찍고 십년지기처럼 그림에 관한 얘기를 열정적으로 나눴다. 야니, 그는 마음이 따뜻한 할아버지다. 그는 회화와 조각이 어우러진 작품 세계를 가진 예술가로 따뜻하고 열정적인 할아버지였다. 미국에 머물 때이다. 작품집을 보고 반한 "마리 프랑크"의 대형 전시회를 보기 위해 멀리 기차를 타고 간 적이 있었다. 나의 간절함이 닿았는지, 그 날이 마침 '작가와의 만남'의 날이었다. 먼 나라에서 온 나를 반갑게 맞아주었다. 단도직입적으로 묻는다.

"너는 무엇을 그리느냐?",

"너는 왜 너의 그림에 관한 것을 가지고 다니지 않느냐?"

우리는 함께 사진도 찍고
십년지기처럼 그림에 관한
얘기를 열정적으로 나눴다.
야니, 그는 마음이 따뜻한 할아버지다.

"우리가 서로의 그림을 보지 않고 나눌 대화가 무엇이냐?"

화살 같은 질문을 던진다. 직접 작가를 만나 눈동자를 마주보며 느끼는 전율. 멈춰버린 듯한 시간과 공간. 두 아이를 저 세상에 보내고, 시공을 초월한 작품으로 나의 가슴을 두드린 그 그림들이 그녀를 보는 순간 완벽히 이해된다. 그녀를 이루는 정신과 육체의 정수가 일 초 만에 과녁을 통과한 화살촉이 되어 내 가슴에 박히는 순간이었다. 창작의 용광로 속에 단련된 작가들은 이미 한 발을 신의 영역에 들여놓고 있는 건지도 모른다.

터어키 성요한 성당에서
대주교님과 함께

호라 성당의 최후의 심판 그림 앞에서
대주교님과 함께

그리스작가 야니가 직접 경영하는
갤러리에서 작가 본인과 함께

이스탄불의 조오도호스삐기 수도원에서
수녀님들과 함께

하느님의 시간
인간의 시간
───────────
크레타섬의 흐리소피기수도원

수호천사

다음날 우리는 비행기를 타고 크레타 섬으로 향한다. 백 수녀님과 나는 크레타 섬에서 일반인이 접근할 수 없는 봉쇄 수도원에 머물 예정이다. 그곳에서 머물 열흘이 내 가슴을 뛰게 한다. 비행기는 뜨자마자 금방 착륙했다. 크레타의 소박하고 조그만 공항에서 한참을 기다렸다. 수도원으로 전화를 걸었더니 내일 오는 걸로 잘못 전달된 모양이다. 이걸 어쩌나. 그런데 웬 할머니가 다가와 수녀님에게 인사를 한다. 지난 오월 수도원의 세미나에서 수녀님의 강연을 감동 깊게 들었단다. 누구를 기다리느냐고 묻는다. 사정을 얘기하니 흔쾌히 자기가 데려다 주겠다고 나선다. 나의 짝꿍 수녀님은 크레타에서 유명 인사였던 거다.

갑자기 나타난 수호천사! 화가 분을 모셨으니 일부러 해변가를 돌아 드라이브를 해주겠단다. 도움이 필요하면 언제나 도와주겠다면서 핸드폰 번호까지 알려주었다. 위에 계신 바오로 사도께서 세심한 것까지 보살펴주시느라 무척 바쁘실 것 같다. 열린 마음으로 받고, 열린 마음으로 줄 수 있다면 이 세상은 진정 풍요로운 곳일 것이다. 도움이 필요하면 언제든 수호천사가 등장하는 것을! 1988년 중국과 수교가 되기 전 남편은 윤범모 선생과 화문 기행을 하기 위해 중국 전역을 여행한 적이 있다. 중국의 깊숙한 곳은 현지인이 아니면 갈 수 없게 제약되어 있던 때라 인민증을 만든 것이 화근이 되어 쫓기는

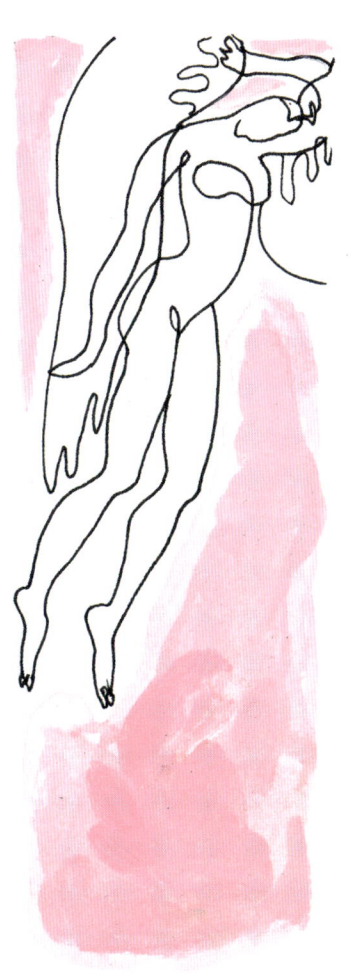

주님은 사랑하는 이에게
항상 좌우에 두 수호천사를
보내신다는 말씀에
내 마음이 크게 움직였다.

신세가 되었다. 남편은 출타 중에는 이삼 일이 지나면 꼭 국제 전화로 안부를 묻곤 하는 사람이다. 그런데 연락이 뚝 끊어져 버렸다. 팔당에 살던 나는 매일 밤 같은 꿈으로 여러 날 시달렸다. 꿈속에서 남편은 사력을 다해 집으로 달려오지만 발은 허공을 딛고 나는 안타까움에 울면서 꿈에서 깨곤 했다. 날마다 새벽 세 시면 같은 꿈으로 베개는 젖어 있고 내가 할 수 있는 일은 남편을 위해 기도 드리는 것밖에 없었다. 세상에 태어나서 지은 수많은 죄, 미처 깨닫지 못한 작은 죄들이 파노라마처럼 떠올랐다. 어디에 그렇게 많은 눈물이 숨어 있었는지 회개의 눈물이 끝없이 흘렀다. 나의 영은 새로운 날개를 단 것처럼 푸르러졌다.

그런데 어느 날 갑자기 세상이 달라 보였다. 아침에 마시는 냉수도 생명수로 느껴지고 빨래를 널며 맞는 바람도 성령의 숨결이 되고 마당에 돋아나는 작은 풀꽃에서도 큰 그분의 우주가 보이고... 나는 다시 태어난 것 같았다. 그 당시 방송에서 이종구 박사의 엔돌핀 열풍이 불던 때 우리 식구는 열심히 그분의 강의 테입을 구해 들었다. 주님은 사랑하는 이에게 항상 좌우에 두 수호천사를 보내신다는 말씀에 내 마음이 크게 움직였다. 그때 이후로 남편에 대한 걱정은 사라지고 평화가 왔다. 다음날 신기하게도 국제전화가 걸려오고 무사하다는 얘기에 나와 아이들은 주님께 감사 기도를 올릴 수밖에... 여행을 마치고 돌아온 남편에게 연락이 두절되었을 때 내가 매일 밤 꾸던 꿈 이야기를 했다. 남편은 깜짝 놀라며 실제 그런 일이 있었고 도움이 필요할 때면 정말로 수호천사가 나타났다면서 흥분한다. 부부란 억겁을 돌고 돌아 맺어지는 징그러운 인연인가보다.

마을과 인접해 있는 수도원에 도착했다. 일반 손님은 수도원 문 밖에 있는 손님 접대용 집에서 머문다고 한다. 우리도 그 곳에서 지내야 할 것 같다고 수녀님이 말씀하신다. 원칙대로 하시겠지 하면서 집 구경을 했다. 자그맣고 깨끗하다. 그런데 조금 후 수녀님 여러분이 함박웃음을 지으며 나타나 산꼭대기 수도원으로 가자고 하신다. 짝꿍수녀님, 깜짝 놀란다. 지금까지 바깥사람을 그 곳에 재우는 경우는 없었다면서 바오로 사도의 힘이 크기는 크단다. 어리둥절해 하며 그 곳으로 향했다. 차가 S자 Q자를 그리며 정상을 향해 갈수록 수만 년 전 원시적 자연 그대로의 모습이 드러난다. 크레타 섬에서만 볼 수 있을 것 같은 유난히 큰 달, 쏟아지는 별들, 인적 하나 없는 산 길, 세상 밖에 있는 태고적 풍경이다. 수도원은 거대한 동굴들이 들어선 꼭대기 부분에 얹혀 있다. 벼랑 끝으로 난 긴 길을 걸어가서야 수도원 정문에 도착할 수 있다. 미리 손님이 올 것을 알고 길 군데군데 등을 켜두었다. 오랜만에 수도원에 온 백수녀님! 아기처럼 들떠있다. 짝꿍 수녀님을 또 다른 수녀님들이 빙 둘러싸고 있다. 터키 여행에 대해 이것저것 물어보시느라 모두들 유치원생들처럼 법석이다. 검은 수도복이 만들어내는 밝고 명랑한 하모니! 신비로운 수도복 속에 인간이 가질 수 있는 최대의 선한 얼굴들이 맑은 웃음으로 가득하다. 이 아름다운 모습을 본 것만으로도 나는 이번 여행에 만족한다. 아! 나는 천국에 왔구나! 내 영혼의 성장을 위해 나는 과거의 문을 닫고 새로운 곳으로 들어온 것

아! 나는 천국에 왔구나!
내 영혼의 성장을 위해
나는 과거의 문을 닫고
새로운 곳으로 들어온 것이다.

이다. 정신적으로 한 단계 성장하는 새로운 삶 속으로...

외국인 수녀님과 예비수녀님이 거하시는 옆 동 건물이 우리들 숙소였다. 응접실로 통하는 계단 사이에 자연석 한 덩이가 건물 사이를 비집고 나와 있다. 자연과 어우러지는 공법 같다. 깨끗하게 꾸며진 방에는 조그만 창, 침대, 옷장, 의자, 은은한 조명등이 전부다. 옷장 서랍마다 올리브 비누를 넣어서 향긋한 천연향이 풍긴다. 수녀님들 모습을 보는 것 같다. 세심한 배려다. 화장실에 가니 거울이 보이지 않는다. 건물 전체에 거울이 없다고 한다.

내면으로 더욱 깊어지라는 의미인가? 경이로운 밤이다.

우리는 10시까지 푹 잤다. 긴 여행의 끝이라고 배려해 주신 것이다. 밝은 데서 보이는 수도원이 궁금해서 얼른 정원으로 나간다. 수도원의 이곳저곳을 구경하고. 여러 수녀님들과 인사를 나눴다. 이 장소를 예언하신 신부님 말씀을 좇아 10년 전부터 수도원을 지었다고 한다. 아직도 정원의 바닥공사는 진행 중이다. 수녀님들이 직접 건축을 하신다니 놀랍기만 하다. 바닥 모자이크 작업을 위해 각양각색의 조약돌이 봉지마다 담겨 수녀님들의 손길을 기다리고 있다. 한켠에는 성당 창틀로 쓰일 이 지방의 돌들이 네모나게 잘린 상태로 쌓여 있다. 부드러운 아이보리 빛 돌 위에는 꽃문양의 연필자국이 선명하게 그려져 있다. 궁금해서 물어보니. 돌 조각까지도 수녀님들이 직접 하신단다. 놀랍다.

수도원 곳곳에 피어있는 아름다운 꽃들은 한 수녀님의 요술 같은 손길로 피워졌다고 한다. 연세도 높은 수녀님께서, 꽃 속에 파묻혀 꽃 이외에 다른 건 다 잊고 피워내신 것 들이다. 평생을 성화 작업을 하시다 어느 날 갑자기 화단 가꾸는 일로 소명이 바뀌신 거다. 빛바랜 낡은 옷을 깁고 또 기워 입으시고, 굽은 허리에 온 몸으로 꽃과 대화하시는 모습이 가히 예술이었다. 고개를 드는 수녀님과 내 눈길이 마주쳤다. 모습이 온통 꽃향기에 젖어 계셨다. 절대 절명으로 순종하신 주님 사랑의 여종! 아! 또 한 분의 천사.

"흐리소피기" 수도원 건너편 풍경은 나를 어서 오라고 유혹한다. 끝 모를 신비의 숲과, 탁 트인 코발트 빛 지중해 바다. 태고적 이야기를 숨겨 놓은 듯한 동굴들이 언뜻언뜻 보인다. 수도원 안에서 움직이는 일은 원장 수녀님의 허락이 떨어져야 가능해진다. 봉쇄 구역에 온 이상 나 역시도 떠날 때까지 책임 지셔야 할 일원인 것이다. 대문을 열고 나가면 돌아올 때까지 누군가가 기다렸다가 열어주어야만 들어가기 때문에 조그만 일정도 계획 속에 있어야 한다. 그런데 이 신비한 곳을 운영하는 주 수입원은 주문받은 이콘화, 정교한 자수로 만들어지는 제의들, 그리고 올리브유와 올리브 비누라고 한다. 이 모든 작업은 수녀님들이 다 함께 그러나 각자 소임을 나누어 진행하고 있다. 나는 수녀님과 이콘화 작업장으로 갔다. 열 분의 수녀님이 열심히 작업 중이었다. 작업장의 대표 수녀님께 내가 그린 묵주 기도 책을 선물했다. 수녀님께서는 형식에 매이지 않는 자유로운 표현이 무척 부럽다고 하신다. 각 신비의 단마다 색깔로 구분한 것도 인상적이고, 주제가 단순하고 강렬한 것도 마음에 드

끝 모를 신비의 숲과,
탁 트인 코발트 빛 지중해 바다.
태고적 이야기를 숨겨 놓은 듯한
동굴들이 언뜻언뜻 보인다.

신다고.

우리는 성화 작업에 대해 많은 얘기를 나누었다. 만약 내가 이콘화 작업을 직접 해 보고 싶다면 언제라도 가능하다며 무엇이든 도와주겠다고 하신다. 감사를 드린다. 작업장을 천천히 돌아보니 귀한 서적들이 눈에 띄었다. 책들을 보고 싶다고 했다. 그 중 눈에 들어오는 몇 권을 집는다. 낮 미사 후 이스탄불에서 만난 테오 수녀님과 반갑게 인사를 했다. 이 곳 수도원에서도 미사 중에 테오 수녀님은 성가를 담당하고 계신다. 두 번째 만남인데 그렇게 반가울 수가 없다.

우리는 점심식사를 하러 식당으로 갔다. 굉장히 큰 식당이다. 손님용 자리는 맨 끝이다. 정면 돔 천장 위에는 아기 예수님을 안고 계신 성모님이 있고 그 양 쪽으로 두 천사가 커다랗게 그려져 있다. 중앙 테이블에는 원장 수녀님과 연로하신 수녀님 몇 분이 가로로 앉으셨다. 세로로는 세 줄의 긴 테이블이 놓여있고 수녀님들은 그림자처럼 소리 없이 움직여 질서 있게 자리에 앉으신다. 개개인으로 만날 때는 부드러우셨는데, 단체로 모이니까 매우 엄숙한 분위기다. 한 분의 수녀님이 독서대에서 식사가 끝날 때까지 계속 성경을 읽으신다. 종이 한 번 울리면, 식사 시작이고 도중에 종이 또 한 번 울리면 그 때부터 물을 마실 수 있는 시간이다. 신기한 규칙이다. 푹 삶은 듯한 밥과 양송이가 든 담백한 스파게티, 가지와 토마토 볶은 것, 한국에서 온 김, 수박, 한 잔의 포도주.

이것이 점심 식단이다.

나와 함께 지내는 수녀님은 모두 다섯 분이다. 마다가스카르에서 오신 흑인 수녀님, 콜롬비아에서 온 예비수녀님, 가봉에서 온 흑인수녀님 한 분과 예비 수녀님 두 분. 모두 영어도 서툴고, 그리스어도 배우는 중이라 짝꿍 수녀님이 안계시면 우리들의 언어는 바디랭귀지다. 그런데도 우리는 잘 통한다. 오늘은 새벽 두 시까지 철야 기도가 있다. 미사 내내 세 분의 수녀님이 노래를 부른다. 기다랗게 서 있는 형태의 의자는 앉기도 하지만 서 있을 때 기대는 용도로 많이 사용한다. 세 시간 가까이 드리는 미사 내내 서서 기도하신다. 가톨릭 전례보다 더 철저히 전통을 따르는 길고도 엄숙한 예식이다. 나는 미사 도중 가만히 밖으로 나왔다. 밤이 깊어갈수록 적막은 더해가고 너무도 고요한 분위기에 끌린 것이다.

수도원 정원 가득 달빛이 넘친다. 여기가 어디인가! 누군가를 기다리는 한 분의 수녀님. 외롭고, 신성한 뒷모습의 실루엣이 가슴에 와 박힌다. 얼른 비디오 카메라를 가져왔다. 깊은 밤 신령스런 기운에 감싸인 수도원을 몰래 찍는다. 꿈에 취한 듯한 목소리로 혼자 나레이션을 깔아본다. 다큐멘터리를 제작하는 영화감독처럼… 기다리는 수녀님의 뒷모습과 고요한 수도원이 만들어내는 선들을 담았다. 그리고 대문 쪽으로 화면을 돌리는데 한 신부님의 모습이 느닷없이 시야 속에 들어왔다. 화들짝 놀란 건 신부님도 마찬가지였다. 오늘은 중요한 예식이라 아랫마을 신부님께서 오셨단다. 눈인사를 건넸다.

아휴! 들켰네.

종이 한 번 울리면, 식사 시작이고
도중에 종이 또 한 번 울리면
그 때부터 물을 마실 수 있는 시간이다.
신기한 규칙이다.

고요히 앉아 본 뒤에야
평상시의 마음이 경박했음을 알았네.

침묵을 지킨 뒤에야
지난날의 언어가 소란스러웠음을 알았네.

일을 돌아본 뒤에야
시간을 무의미하게 보냈음을 알았네.

문을 닫아건 뒤에야
앞서의 사귐이 지나쳤음을 알았네.

욕심을 줄인 뒤에야
이전의 잘못이 많았음을 알았네.

마음을 쏟은 뒤에야
평소의 마음씀이 각박했음을 알았네.

수호천사

고요한 방에서 선시를 읽었다. 나는 왜 이 곳에 앉아있나? 무엇을 하려는 건가? 알 수 없는 곳에서 강렬한 에너지가 전해온다. 우주의 크기만큼이나 사랑하시는 하느님. 신은 본질, 창조, 순수, 사랑, 한없는 에너지다. 신이 인간을 창조했지만, 인간의 육체는 단지 그릇일 뿐이지 않은가! 그러나 우리의 집착은 왜 끝이 없을까? 나는 왜 사도 바오로의 길을 따라왔는가? 행복을 전하는 삶? 나는 어느 때보다 아래로, 또 아래로 침잠한다.

   시간이 정지된 듯 적막한 수도원. 모든 것을 주님께 맡기고 물 흐르듯 시간은 흐르고 있다. 천 년 된 올리브 나무들이 즐비한 이곳의 올리브 비누와 암반수 덕분에 오랜만에 피부는 건강해진 것 같다. 바쁘게만 달려온 여정이 지나고 이곳의 넉넉한 삶을 마주하고 보니 시간이 지나는 소리가 축복처럼 다가온다. 반나절이 지나고 원장 수녀님의 특별한 배려로 우리들의 일정이 정해졌다. 시내로 내려가는 수도원 차편을 이용해 옛 항구도시인 하냐를 다녀오라신다. 여행을 떠나기 전 나는 크레타 섬이 주는 환상적인 이미지를 마음 속에 이미 그리고 있었다. 카잔차키스의 희랍인 조르바를 읽으면서 언젠가는 크레타 섬을, 지중해의 쪽빛을, 흑해를 따라 출렁이는 달빛을, 항구도시의 살아있는 비린내를 느껴야지! 간절히 원했었다.

   그런데 지금 나는 바로 그 항구에 서 있는 거다. 즐비하게 들어선 가게들과 식당, 거리를 누비는 말들, 북적이는 관광객, 코발트빛 바다와 배, 그리고 해안에 수직선을 그리는 등대. 소설 속에 그리던 이미지와는 달랐지만 그 속에서 조르바를 찾아본다. 항구의 가운데 돔 형태의 원자로 같은 건물이 눈에

우리의 집착은 왜 끝이 없을까?
나는 왜 사도 바오로의 길을 따라왔는가?
행복을 전하는 삶?
나는 어느 때보다 아래로,
또 아래로 침잠한다.

띄었다. 안으로 들어서니, 갤러리처럼 작품들이 전시되어있다. 베니스 가면을 추상 위에 얹어 재미있게 표현한 그림이다. 이국적 분위기 속에서 여인의 노래 소리가 들린다. 여행객 중의 한 여인이 전시회를 보고 즉흥적으로 노래를 부른다. 일행들이 일제히 환호를 한다. 자유롭고 열정적인 이 공기가 나를 들뜨게 만든다.

　짝꿍 수녀님은 척 보고도 속내를 잘 꼬집어 낸다고 나를 '돗자리 도사'라 부른다. 돗자리도사인 나를 앞장세워 수녀님은 식당을 골라 보라고 한다. 적당히 깔끔한 식당이 우리를 당긴다. 식사 주문을 하면서 수녀님이 깔깔 웃는다. 식당 이름이 그리스말로 수도원이란다. 수도원에서 방금 내려왔는데 잠시도 수도원을 잊지 말라는 말씀인가? 하하하! 그래도 음식은 기가 막히다. 그리스니까 그리스 커피도 한 잔!

바다의 선물

등대를 따라 걷는다. 나는 다시 살구빛 목소리로 수녀님을 꼬드긴다. 배를 타고 바다로 가자고, 저 블루의 극치를 온 눈에 담고 싶다고! 이 순간이 지나면 언제 우리가 이곳에 있을 수 있겠느냐고. 망설이던 수녀님이 드디어 두 손을 든다. 섬으로 가는 배를 탔다. 러시아에서 온 부부 두 쌍이 유난히 떠들고 있다. 그러나 소리는 사라지고 눈이 시린 프러시안 블루가 안긴다. 내가 가장 좋아하는 색. 영원과 불멸과 자유를 안겨줄 바다. 가슴이 뻥 뚫린다. 거북의 등처럼 생긴 섬이 보인다. 배는 섬 둘레에서 하품하듯 출렁이고, 구명조끼를 입은 사람들이 하나 둘 바다로 뛰어든다. 헤엄을 못 치는 맥주병인 나는 그들이 한없이 부럽다. 바다를 풀장인 듯 즐기는, 여유 있는 그들의 삶의 질이 부럽다. 배를 타고 바다에서 보는 하나의 모습은 더 활기차게 살아나는 것 같다. 보는 관점에 따라 사물은 이렇게 다르게 보이네. 아마 삶도 이와 같지 않을까?

　다시 항구에 발을 딛는다. 가게들이 즐비한 미로 같은 골목을 지난다. 유난히 눈길을 끄는 아트샵이 보인다. 옛 그리스의 소품들이 현대 디자이너의 손길로 다시 태어나 우리들을 반긴다. 나무로 재미있게 만든 인형은 줄을 당기면 꼬리를 움직인다. 좋아할 친구 얼굴이 떠올라 얼른 집는다. 코발트 빛 바다가 연상되는 액자. 저렴한 가격도 신난다. 이런 게 여행의 즐거움이지!

소리는 사라지고
눈이 시린 프러시안 블루가 안긴다.
내가 가장 좋아하는 색.
영원과 불멸과 자유를 안겨줄 바다.
가슴이 뻥 뚫린다.

태양은 바다 속으로 사라져도 슬프지 않다!

수도원에 도착하니 원장 수녀님과 두 분의 수녀님이 기다리고 계셨다. 크레타 섬에서 노을이 가장 아름답게 지는 해변을 화가 선생께 보여주시겠단다. 방금 특혜를 받고 왔는데 이렇게 황송할 수가! 아이쿠! 바오로 사도님! 보너스가 너무 많습니다! 해가 지기 전에 어서 출발 하자고 해서 우리 차는 속력을 낸다. 가는 길목마다 기가 막힌 풍경이 나타난다. 나는 들뜬 어린애처럼 비디오를 찍어댄다. 수녀님들도 함께 들떠서 "데레사 저기", "데레사 여기" 하며 우리 모두는 다섯 살배기 꼬마들이 되었다. 원장 수녀님만 아무 말씀 없이 빙긋이 웃는다. 도착하면 멋진 장소가 기다릴 테니 건전지를 아끼라고 하신다. 점점 해는 기울고, 뭔가 범상치 않은 산세가 시작되고 커브를 도는 순간, 아! 세상에! 지구 위에 이렇게 황홀한 장소가 있다니! 게다가 뭉크의 〈절규〉 속에 나오는 노을. 그 속에 신비한 실루엣을 연출해 주시는 수녀님들.

이것은 세상 속 풍경이 아니지! 언제나 극적인 장면은 가슴 속에 담아두라고 여지없이 비디오의 건전지는 끝이 난다. 원장 수녀님의 우려가 현실이 되고, 나의 눈은 비현실에 젖는다. 해변과 함께한 깎아지른 웅대한 산. 바다를 놓치지 않겠다고 뛰어드는 해변 바위들의 향연.

해가 진다. 바다가 붉다! 이 거대한 자연의 대서사시를 온 몸으로 읽어야 한다. 생의 마지막 순간까지 이토록 아낌없이 주고, 겸손하게 떠나라는 자연의 노래를!

   태양은 바다 속으로 사라져도 슬프지 않다.

자연의 시간, 인간의 시간

어제는 십자가 현양의 날이어서 저녁은 금식이었다. 수도원에서는 점심식사만 모여서 제대로 드시는 것 같았고 금식이 주식 같다. 미사는 하루에 세 번 드린다. 수녀님들은 드시지도 않고 주무시지도 않는다. 이곳에선 나만 식충이고, 잠꾸러기다. 하루 종일 온 세포가 새로운 것을 흡수하느라 에너지는 바닥이 나고, 라면 포트는 에너지를 공급하는 일등공신이다. 봉쇄 수녀원은 문이 한 번 열리려고 해도 열어주는 사람과 약속이 정해져야 하는 곳이다.

나의 오늘 스케줄도 회의에 부쳐졌다.

동굴성당을 보고 싶다고 어제 원장수녀님께 청을 드렸었다. 이스탄불 지하성당에서 노래를 불러주셨던 테오 수녀님, 짝꿍 수녀님, 그리고 나, 이렇게 세 사람이 동굴성당에 초를 켜고 청소도 하는 소임을 맡았다. 우리는 모세처럼 지팡이를 들고 끝없이 이어지는 계단을 내려간다. 이 계단들도 수녀님들이 직접 만든 것이란다.

몸을 틀 때마다 바뀌는 숲, 모퉁이마다 피어있는 야생화, 시간을 뛰어넘는 동굴의 출현. 놀라움의 연속이다. 이 순간을 놓칠세라 비디오 카메라를 켜고, 나의 토막 난 영어는 좌충우돌 춤을 춘다. 첫 번째 동굴에 도착했다. 가슴이 쿵쿵 뛴다. 테오 수녀님이 열쇠꾸러미로 동굴성당의 문을 연다. 염소들이 문을 열려고 뿔을 박기 때문에 열쇠를 채운단다. 귀여운 녀석들. 예쁘게 꾸며진 작은 성당이다. 유리잔처럼 생긴 등잔이 천정에 매달려 있다. 유리잔 속에는 올리브 기름이 채워져 있고 거기 잠긴 심지는 조그만 삼각 고깔 모양의 야생화 꽃잎이다. 수녀님들이 일일이 손으로 꽃잎을 비벼서 심지를 만든단다.

향도 함께 올린다. 천 년의 세월이 눈앞에 가만히 멈추어 있는 것 같다. 청소도 하고, 기도도 올린다. 식구들을 위해, 또 사랑하는 이들을 위해. 이곳은 도저히 물이라고는 없을 것 같은 메마른 지역이다. 그러나 동굴 밖엔 꿀 같은 샘물이 솟아나온다. 기적이다.

맨 처음 이 곳에 성당을 짓기로 하셨던 신부님은 황량한 바위 아래로 젖줄 같은 물이 넘치고 있다는 것을 아셨으리라! 동굴 성당들이 들어서기에 부족함이 없을 만큼! 대단한 혜안이다. 우리는 또 유치원 학생처럼 모세의 지팡이를 들고 산길을 간다. 이곳에만 피는 개성 강한 야생화들을 살펴보는 재미도 굉장하다. 두 곳의 동굴을 지나고 가장 양명하고 높은 곳에 있는 동굴 성당을 향한다. 천 년은 됐을 듯한 거대한 소나무. 끝 모를 숲. 영화 '쥬라기 공원'에나 나올 법한 동굴이 눈앞에 펼쳐진다. 옛날 이 동굴에서 은수자 한 분이 오랜 세월 기도하셨다고 한다. 바닥 아래에는 그 분의 묘가 있다. 사막의 교부들이 머물렀을 것 같은 이 곳. 상상 속에 그려보던 은수자들의 기도처. 위대한 자연 앞에 서니 인간의 시간은 얼마나 작고 초라한가! 수천 년 전 그 분의 영혼과 지금 여기 서 있는 나의 영혼이 서로 교감한다. 그야말로 통공이다.

위대한 자연 앞에 서니
인간의 시간은 얼마나 작고 초라한가!
수천 년 전 그 분의 영혼과
지금 여기 서 있는 나의 영혼이
서로 교감한다.

홀로 서라, 고요해지리라

우리가 어떤 감정으로 삶을 살았는지는 순간순간 기록된다. 누구나 이 성적표를 가지고 이승을 떠난다. 진정한 자유는 변하고 소멸하는 것을 인정하고 처절히 절망한 후에야 찾아온다. 지난날 가장 가까운 이의 변심으로 상처받고, 병에 걸려 벼랑 끝에 홀로 서 있던 날들. 병든 나는 마음을 가다듬고 다시금 주변을 돌아보았다. 그 때야 비로소 치료해야 할 진정 중요한 상처는 무엇인지 깨닫게 되었다. 상처 입은 관계, 신앙에 뚫린 구멍, 깊이 감추어진 미움이라는 종양, 남을 용서하지 못하는 냉정한 마음. 내가 치료해야 할 상처들이었다. 내 가슴을 다른 사람에 대한 원망이나 증오로 썩게 만드는 것은 얼마나 어리석은가! 이 세상은 잠깐 지나가는 곳. 영원하신 하느님께 초점을 맞추지 않으면 잠시도 나를 지탱할 수가 없다.

사막에서
텅 빔을 향해 돌아서라,
자신으로부터 도망치며.

홀로 서라, 누구의 도움도 청하지 말라.
그러면 너의 존재는 고요해질 것이다.
속박으로부터 자유롭게.

세상에 집착하는 사람들
그들을 자유롭게 하기 위해 노력하라.
자유로운 사람들
그들을 찬미하라.

병자를 돌보라, 그러나 홀로 살라.
슬픔의 물을 마시는 행복
단순한 삶의 잔가지로
사랑의 불을 태우는 행복.

이렇게 당신은 사막에 살 것이다.

- 〈사막 교부의 노래〉 중에서

진정한 자유는 변하고
소멸하는 것을 인정하고
처절히 절망한 후에야
　　찾아 온다.

이렇게 멋진 동굴에서 하루 잘 수는 없느냐고 물었다. 일 년에 두 번, 아주 특별한 날에만 기도를 드리며 잘 수 있다고 한다. 바닥 밑에 누워 계시는 분께 큰절을 드리고 우리는 아래쪽에 있는 또 다른 수도원으로 향했다. 올리브 기름 짜는 공장을 개조하여 수도원으로 만든 곳이다. 성인 반열에 오르실 정도의 신부님을 평생 보필하셨던 나이 드신 수녀님을 뵈었다. 수녀님 모습에서 엄격하면서도 인자하시고, 연륜이 녹아있는 중후함을 느꼈다.

  이곳은 모든 것이 깊다. 수도원 뒤켠에 동화 속에나 나옴직한 조그만 통나무집이 보였다. 그 곳이 올리브 비누 만드는 공장이다. 약을 잘못 복용하셔서 뚱뚱해진 수녀님. 둥근 눈망울이 너무도 선하다. 올리브 기름을 짜고, 꽃에서 향을 추출해 내고, 큰 솥에 넣어 끓이고 식혀서 자른다. 이 많은 일을 혼자서 직접 하신다니 놀랍다. 공장 안의 열기로 이마엔 땀방울이 맺혀있다. 어떤 일에나 순명하는 수도자의 귀한 모습이다. 테오 수녀님이 여러 장의 비누를 우리들 손에 쥐어주신다. 땡큐! 시스터 테오!

  통나무집 곁에는 천 년 된 올리브나무들이 즐비하게 서 있다. 올리브 나무 그늘 사이에서 큰 키의 시원스런 테오 수녀님이 컴퓨터에 시달린 어깨가 결린다고 호소한다. 요가에서 배운 동작을 가르쳐 드렸더니, 따라하는 순간 벌써 효과가 있다고 너무 기뻐하신다. 점심시간에 늦으면 안 되기 때문에 우리는 바쁘게 모세의 지팡이를 휘저었다. 나의 짝꿍 수녀님의 또 다른 이름은 '금붕어 수녀님'이다. 세상에서 물이 제일 맛있단다. 어떤 때는 식사는 아주 조금 하고 물만 벌컥벌컥 마신다.

귀여운 금붕어 수녀님이 함박웃음을 띠고,

"데레사 자매님, 식사 때는 치마가 있으면 치마를 좀......"

수도원은 치마를 입지 않은 사람은 들어올 수 없다. 망아지처럼 쫓아다니는 나를 지켜주기 위해 안간힘을 쓰시는 나의 짝꿍. 죄송한 마음에 얼른 짐 가방을 뒤져 치마를 꺼내 입고 식당엘 갔다. 오늘 식단은 스파게티, 감자 으깬 것, 고추 볶은 것, 올리브와 과일. 식사가 끝나면 모두들 원장 수녀님 손등에 입을 맞추고 퇴장한다. 원장 수녀님은 어정쩡해 하고 있는 나를 보고 빙긋 웃으시며 그냥 가라고 한다. 정원에서 수녀님들이 기다리고 계신다.

바느질하는 수녀님은 어깨가 아프시고, 연로하신 수녀님은 편두통으로 고생하시고, 젊은 수녀님은 허리가 아프다. 나는 갑자기 동양에서 온 만물박사 치료사가 되어 있다. 테오 수녀님이 방송을 하신 거다. 평소 동양의학을 신봉하는 남편 덕분에 반 의사가 되긴 했다. 수녀님들께 지압도 가르쳐드리고, 요가도 가르쳐드렸다.

호랑이 없는 굴에서 왕이 된 토끼. 하 하 하!

오늘도 철야기도가 있다. 모든 수녀님들이 기도하러 간 사이 나는 빌려온 두터운 성화 책 속으로 여행을 했다. 그리스의 유명 수도원 소개와 그곳의 이콘화들이 자세히 나온다. 특히 아토스 성산에 있는 수도원들은 정말 근사하다. 아토스에는 스무 군데의 남자 수도원이 있고 천오백에서 이천 명 정도의 수도사가 있다고 한다. 이 유명한 아토스 성산은 여자는 들어갈 수 없다. 이 세

나는 갑자기 동양에서 온
만물박사 치료사가 되어 있다.
수녀님들께 지압도 가르쳐드리고,
요가도 가르쳐드렸다.
호랑이 없는 굴에서 왕이 된 토끼!

상에서 들어갈 수 있는 여성이 있다면 단 한 분 성모님뿐이다. 남자도 교구청의 허가가 떨어져야 출입이 가능하다.

   세상과 철저히 봉쇄되어 있는 영적인 공간. 책 속에서나마 조금 맛보게 되어 감격스럽다.

   21세기에 유일하게 금녀의 지역인 그 곳은 그리스의 페미니스트들이 문을 오픈해야 한다며 격렬히 논쟁 중이라고 한다. 죽기 전에 문이 열린다면, 제일 먼저 달려가 보고 싶다. 책 속 보물들은 그리스 문화의 진면목을 여지없이 드러낸다. 이토록 놀라운 그리스라는 나라를 온 세포로 느끼게 되어 가슴이 벅차다. 새삼 대주교님께 깊은 감사를 올린다.

   늦은 밤임에도 나의 의식은 더 맑아진다. 이 공간이 주는 추억들을 어떻게 그림으로 담아낼까? 그 생각만 붙들고 명상하듯 가만히 눈을 감는다. 아! 남편이 준 화첩에다 이야기처럼 이어지는 병풍 같은 그림으로 푼다면 재미있겠다. 얼른 화첩을 꺼낸다. 이곳에 처음 도착했을 때, 곳곳에 걸려 있는 수녀님 한 분의 사진을 보았다. 물어 보니, 지난 번 원장수녀님이란다. 돌아가신 지 5년이 되셨다고 한다. 모든 수녀님 가슴에 어머니처럼 남아 계신 분으로, 오래 기억하기 위해 가까이에 모셔둔다고 했다. 이 수도원의 사랑의 상징인 원장수녀님을 제일 먼저 그리자. 벽에 걸린 사진을 떼어 첫 장으로 옮긴다. 이제부터 나는 이 자연과 수도원을 내 방법으로 요리하려 한다.

꽃을 모으다

아침 일찍 다시 전쟁터에 나서는 군인처럼 배낭 속에 그림 도구들을 챙긴다. 물감, 스케치북, 화첩, 붓, 연필, 물, 방석, 사진기, 비디오, 빵 몇 조각과 과일 두 개. 제일 몸집이 크고 보스처럼 생긴 수녀님이 그 동안 굳게 닫혀 있던 육중한 대문을 들쭉날쭉 멋대로 드나드는 이방인 동양여자를 향해 눈을 부라린다. 아이쿠! 밉상이 되기 전에 어서 탈출하자.

비디오 카메라를 꺼낸다. 낯선 물건인 이 비디오 사용법을 금붕어 수녀님은 나를 위해 열심히 공부했다. 지금부터는 내가 주인공이 되어 한 번 찍혀 보자. 촬영감독님께 큐! 하면서 자연스레 계단을 내려간다. 배우처럼 슬쩍 꽃도 만져본다. 후후. 첫 번째 동굴 성당을 열심히 그린다. 수녀님은 그런 나를 찍는다. 보이는 풍경 그대로가 아니라 내가 느껴지는 그림을 그리려고 생각은 했다. 그러나 막상 그 자리에 앉고 보니 막막하다. 그래! 일차적으로 보이는 대로 그리고, 집에 돌아가서 재구성 해 보자. 수녀님은 조그만 노트에 시를 쓰시나?

짝꿍 수녀님 덕분에 행복한 시간을 보내고 있는 나는 당신과의 인연을 다시 한 번 감사드린다. 크로키를 좋아하는 나는 빠르게 내 그림을 마치고 다음 곳으로 옮긴다. 화첩을 한 면씩 비워놓고 그림을 그린다. 사이사이에는 수녀님들 얼굴 모습을 크로키 할 예정이다. 수도원 풍경이 하나 둘 그림으로 채워

어느새 수녀님들은
그림에 대한 궁금증과 호기심으로
모두 풍선처럼 부풀어 있다는 게 느껴진다.
내일은 야생화들을 꺾어와야겠다.

진다. 성당 쪽으로 걸어가시는 수녀님들의 발걸음은 앞을 향하고 안 보는 척하지만, 어느 새 그림에 대한 궁금증과 호기심으로 모두 풍선처럼 부풀어 있다는 게 느껴진다. 짝꿍 수녀님께 그림들 사이에 수녀님들을 크로키해 보고 싶다고 했다. 그러나 그건 절대로 허락하지 않을 거란다. 세상과 두절되어 지내는 이곳의 규칙을 따르지 않을 수 없다. 그렇다면, "아! 그래" 이곳에만 피는 야생화를 그려 넣는 것도 좋겠다. 내일은 야생화들을 꺾어와야겠다.

오늘 우리는 바오로 사도와 연관된 장소로 간다. 나는 계속 그림을 그리고 싶지만, 오늘 스케줄은 벌써 짜여 있다. 첫 번째 장소는 13세기에 지은 아르카디 Arkadi 수도원이다. 크레타 섬이 이렇게 크고 장대한 줄 미처 몰랐다. 제주도의 네 배라고 한다.

  달리는 차창 밖 풍경에서 눈길을 뗄 수가 없다. 동행하는 그리스 수녀님은 프리다 칼로의 그림 속에 나오는 인물처럼 눈썹이 붙어 있다. 약간의 수염도 있으시다. 수녀님은 한국을 여러 차례 방문하셨다고 한다. 금붕어 수녀님과 그리스 수녀님은 밀린 이야기를 나누시느라 차 안이 웃음으로 가득하다. 위험한 길목마다 장난감처럼 작은 교회가 자리하고 있어 궁금증이 생겼다. 그곳은 교통 사고가 난 곳으로 갑자기 세상을 떠난 영혼들을 위로하기 위해 세운 교회란다. 일상에 밴 믿음의 풍경이다. 수도원이 가까워질수록 산세는 더욱 험해지고 드디어 외길의 산 속에 도착했다.

  그리스는 터키에 400년 동안 지배를 받았다고 한다. 수도원 또한 터키 지배 아래 있었고, 이에 항거하는 수도사들을 공격하는 터키 군이 수도원을 포위했다고 한다. 그 당시 수도원에는 나이든 수도사 몇 분과 여자들과 어린이 밖에 남아있지 않았다고 한다. 수도원장이 외부에 도움을 요청했으나, 도움을 받을 수 없는 급박한 상황이었다. 그래서 용감하게 자신들을 희생하기로 결정했다. 터키 군에 잡혔을 때 여자들이 당할 치욕과 굴욕을 방지하기 위해 그들은 모두 스스로 목숨을 끊었다고 한다.

　여기가 바로 그 장소이다. 그리스 역사에서는 이 사건을 자살이 아닌 진정한 독립 투쟁으로 기념하고 있단다. 우리의 3.1운동이 생각난다. 항거하고 있는 민중의 대형사진이 수도원 모퉁이에 기념비처럼 붙어 있다. 숙연해진다. 치렁치렁한 수도복의 수사님들이 소리 없이 움직이는 환영이 보인다. 가슴 아픈 역사의 현장을 뒤로하고 천 년은 됨직한 올리브나무들이 거대한 더미를 이루는 숲을 지난다. 스페인 여행 때 곳곳에 흩어져 있는 올리브나무를 보고 감탄했었는데, 그리스의 올리브나무는 수령 자체가 다르다. 이제는 올리브 하면 그리스의 천년 묵은 올리브 나무가 떠오를 것 같다.

　올리브는 그리스! 그리스는 올리브!

두 번째 장소는 크레타 섬의 중심 도시인 이라클리온이다. 성 디도 성당을 둘러본다. 바오로 사도는 제2차 전도여행 때 크레타 섬에 잠시 머무셨다. 바오로 사도는 당신의 헌신적인 협력자인 성 디도를 크레타 섬의 첫 주교로 임명하셨다. 이 성당의 벽화에는 바오로 사도께서 크레타 섬에 도착하여 복음을

항거하고 있는 민중의 대형사진이
수도원 모퉁이에 기념비처럼 붙어 있다.
숙연해진다.
치렁치렁한 수도복의 수사님들이
소리 없이 움직이는 환영이 보인다.

전파하는 모습과, 디도 성인을 주교로 임명하는 모자이크가 있다. 작은 소성당에는 성 디도의 머리 유해가 모셔져 있다. 신비롭고 서늘한 분위기다.

디도 성인은 예루살렘에서 예수님의 고난과 십자가 사건을 직접 목격한 분이다. 주교가 된 후, 일곱 개의 주교청을 세우고 105세의 나이로 세상을 떠난다. 이 성당은 1210년에 세워졌고 역사의 시련으로 손실되었다가 터키 지배 하에서는 이슬람의 예배당으로 사용되었다. 1925년부터는 현재의 모습을 유지하고 있다. 많은 순례객의 발길이 지금까지 이어져온다.

우리는 해변을 따라 걷는다. 사도 바오로께서는 바로 이 해변에 발을 처음 내딛고, 열정적으로 그리스도를 전도하셨다. 그 분의 땀과 노고가 모래의 열기와 함께 전해져 온다. 온몸을 던진 그 분의 전도 여행이 결실을 맺어, 오늘날 이렇게 많은 성당과 수도원들, 세계에 널리 퍼져있는 신자들을 탄생시킨 것이다.

열정의 바오로 사도. 그 분의 특별한 은혜로 감동 넘치는 내 여행은 계속되고 있다.

사랑은 작은 것에서 시작된다

오늘 짝꿍 수녀님은 수도원 안에서 일하는 소임을 맡으셨다. 그래서 나는 테오 수녀님과 둘이서 동굴성당으로 향한다. 테오 수녀님의 영어실력은 완벽하다. 나의 토막 영어가 멋대로 춤을 춰도 모든 게 일사천리다. 이제는 친해진 수녀님과 별별 얘기를 다 나눈다.

끝없는 계단을 내려가는 중. 수녀님이 갑자기 지팡이로 하늘을 가리킨다. 매가 천천히 원을 그리고 있다. 매라는 단어를 알 수가 있어야지. 그래서 아울 owl 이라 했다. 눈이 동그래진다. 눈동자는 노랗고, 대학의 상징인 그 녀석들을 집에서 키웠다고 하니 더욱 눈이 커진다. 식사로는 닭 머리를 먹고, 낮 동안은 도사처럼 앉아있으며, 세 마리의 새끼를 낳은 애기 등등을 털어 놓는다. 믿을 수 없다면서 더욱 호기심이 가득 찬 눈빛이다. 얼마나 영적인 동물인지 그 깊은 노란빛 눈동자를 가까이에서 본다면 아마 빨려 들어갈 거라는 둥, 짧은 영어와 바디 랭귀지가 완전한 퍼포먼스다.

마침내 수녀님이 내가 한 때 부엉이를 키웠던 사연을 알아듣는다. 나도 참! 매를 보고 부엉이를 연상하다니. 우리는 다섯 개의 동굴 성당 중 가장 큰 동굴로 갔다. 낮인데도 서늘한 기운이 인다. 푸드득 비둘기들이 놀라 달아난다. 나는 박쥐인 줄 알았다. 동굴 한 쪽 벽으로 길을 내어 분위기를 아늑하게 만들어 놓았다. 이제는 나도 함께 익숙하게 촛불을 밝히고 향도 피운다. 우리는 말없이 움직이다 마주 보며 오랜 친구처럼 웃었다.

큰 키의 테오 수녀님과 난쟁이 야생화.
사랑은 이렇게 작은 것에서 시작하지만,
울림은 오래 오래 가슴에 남는다.

그림 그리기에 알맞은 장소를 찾아 스케치 하는 동안 테오 수녀님의 맑은 노래는 동굴 구석구석에 스며든다. 아래 수도원 쪽으로 가는 길섶, 2500년 되었다는 올리브 나무를 만났다. 둥지가 예술이다. 직사광선을 받으며 그릴 수밖에 없는 상황이지만 이런 명품을 만나기는 쉽지 않다. 얼른 도구를 펼친다. 그리고 싶은 곳에서 조용하게 마음껏 그리라고 수녀님은 아래 수도원으로 가셨다. 올리브 나무를 골똘히 들여다보는데 갸우뚱하고 염소가 지나간다. 이런 장소에 내가 앉아 있다니!

참 고요하다. 연속적으로 여러 장의 그림들이 만들어지고 테오 수녀님과 수녀원으로 돌아오는 길. 그림으로 풀어낼 야생화들을 두 손 가득 안고, 우리는 또 이야기 보따리를 푼다. 뉴욕에서 누드 크로키 할 때 만난 흑인모델 바비 이야기. 아프리카 여행 중 밀림에서 만난 염소 이야기. 중국 여행 이야기, 남편 이야기. 보따리는 헤아릴 수도 없다. 갑자기 수녀님이 걸음을 멈춘다. 나도 덩달아 멈춘다.

"데레사! 두 유 해브 썸 워터?"

계단 모퉁이에 핀 분홍빛 작은 야생화. 작지만 자기 목소리를 강하게 지르는 녀석. 조금 후면 이 아기 꽃이 시들 것 같아 물이 있다면 주고 싶단다. 큰 키의 테오 수녀님과 난쟁이 야생화. 사랑은 이렇게 작은 것에서 시작하지만, 울림은 오래 오래 가슴에 남는다. 숨은 사랑. 보잘것 없고 드러나지 않는 덕이야말로 가장 주님 마음에 드는 일이리라!

나는 그런 테오 수녀님이 너무 좋다!

식사 후 모두들 각자의 일터로 그림자처럼 사라진 오후. 나는 빈 페이지 사이 사이에 안고 온 야생화들을 그리느라 깊이 몰두한다. 창문 밖 바깥뜰에서 부스럭 부스럭 소리가 난다. 또 비둘기나, 다람쥐나, 염소일 테지? 한참을 그리다가 목이 말라 물 컵을 들고 창문 밖으로 몸을 내민다.

"앗! 몸집이 큰 보스 수녀님이다!" 땀을 흘리며 밭을 일구고 계신다. 눈이 마주쳤다. 활짝 웃으신다. 나도 활짝 웃는다. 망둥이처럼 쫓아다니는 나를 이제사 이해하신 것 같다. 순명을 삶의 모토로 하는 수도자의 모습. 공동생활에서 희생을 실천하는 삶. 사랑의 경쟁을 하시는 분들. 평범한 일을 통하여 성녀가 되실 분들. 수도생활은 아침부터 저녁까지 끊임없는 자아포기의 생활임을 보여 주시는 이들. 이분들과 함께한 시간들은 내게 커다란 은총의 날들이다. 화첩은 점점 완성되어가고, 야생화 그림은 페이지 사이에서 새롭게 빛난다. 야생화 아래 위에 수녀님들의 이름과 제일 좋아하시는 성경구절을 써 달라고 하자! 조금 후 성화 담당 대표 수녀님께서 오셨다. 모든 수녀님들이 데레사가 뭘 하는지 몹시 궁금하다고 어떤 수준인지 알아보고 오라는 특명을 받으셨단다. 웃으며 화첩을 보여 드렸다. 기념이 될 재미난 아이디어라고 반가워하신다. 흐뭇하다. 이제는 친한 테오 수녀님부터 글을 받아야지. 그녀는 기뻐하며 흔쾌히 쓰는데 너무도 박식한 나머지 자기 이름 대신 꽃 이름을 쓰고 그 아래 성경구절을 쓰는 것이다. 그때부터 수녀님들이 모두 테오 수녀님을 따라 꽃 이름과 성경구절을 쓰신다. 이런! 꽃 이름이 아니라 수녀님 성함인데... 하지만 이것도 주님 뜻!

나의 화첩은 수녀님들 손에서 손으로 소리 없이 건네지고 있다.

저는 당신의 손에 쥐어진 활이옵니다.
주님, 제가 썩지 않도록 저를 당기소서.

저를 너무 세게 당기지 마소서, 주님.
저는 부러질지도 모르옵니다.

저를 힘껏 당기소서, 주님.
제가 부러진들 무슨 상관이 있겠나이까.

〈세 가지의 영혼, 세 가지의 기도〉 니코스 카잔차키스

· Σχίνος ·

"Ἐγνώρισάς μοι ὁδοὺς ζωῆς, πληρώσεις με εὐφροσύνης μετὰ τοῦ προσώπου σου· τερπνότητες ἐν τῇ δεξιᾷ σου εἰς τέλος"
(Ψαλμὸς ΙΕ´, 11)

- Φλόμος -

"Ότι κρεῖσσον τὸ ἔλεός σου ὑπὲρ ζωάς·
τὰ χείλη μου ἐπαινέσουσί σε. (Ψαλμὸς ΞΒ',6)

Ἀκρόβατος

«Ὡς ἐμεγαλύνθη τὰ ἔργα σου Κύριε, πάντα ἐν σοφίᾳ ἐποίησας... Ἤτω ἡ δόξα Κυρίου εἰς τοὺς αἰῶνας εὐφρανθήσεται Κύριος ἐπὶ τοῖς ἔργοις αὐτοῦ.»

Ψαλμὸς 103

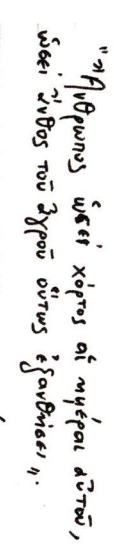

Σκυλοδεσμίδα (δδεελετούρα)

"Ἄνθρωπος ὡσεὶ χόρτος αἱ ἡμέραι αὐτοῦ, ὡσεὶ ἄνθος τοῦ ἀγροῦ οὕτως ἐξανθήσει"

(Ψαλμὸς 102, 15)

Ἀγνάς (Γαϊδουράγκαθο)

Τί γὰρ ὠφελεῖται ἄνθρωπος κερδήσας τὸν κόσμον ὅλον, ἑαυτὸν δὲ ἀπολέσας ἢ ζημιωθείς; (Λουκ. 9,25)

ΙΕΡΑ ΜΟΝΗ ΧΡΥΣΟΠΗΓΗΣ ΓΕΡΟΝΤΙΣΣΑ ΘΕΟΣΕΜΝΗ

...λα γύρω μας εἶναι σταλαγματιὲς τῆς ἀγάπης τοῦ Θεοῦ.
Γέροντας Πορφύριος Καυσοκαλυβίτης

Ἀγριοκρέμμυδο

약함은 참된 힘

아래 건물에서 함께 생활하는 식구들이 모였다. 예비 수녀 둘은 흑인이고 나이가 스물셋, 스물넷이다. 우리끼리 모이면 마미 mami 이고 도터 daughter 다. 노래를 불러달라고 하면, 흑인 특유의 리듬을 타면서 이부 삼부로 멋지게 뽑아낸다. 우리들은 헤어짐을 아쉬워하며 이야기꽃을 피운다. 그런데 가끔 스물세 살짜리 도터의 얼굴이 불만으로 통통 부어 있을 때가 있다. 엄마 같은 마음에 안쓰런 생각이 든다. 자기는 까만 피부가 너무 싫다고 한다. 나는 아연실색을 하며 열변을 늘어놓는다. 뉴욕에서는 흑인 모델이 제일 인기고, 몸으로 하는 일에는 세계의 어느 인종도 따를 수가 없다고, 체육, 무용, 노래, 세계의 톱은 모두 흑인이라고, 뉴욕에서 공부할 때 내가 제일 좋아한 흑인 모델 바비의 피부는 기름을 발라놓은 듯 매끄러웠다고, 북구 사람들은 덜 구운 빵처럼 허옇지만 피부는 엄청 거칠다고, 흑인의 눈동자는 소보다 더 선량하다고. 자기가 가진 귀한 것을 볼 수 있어야 진정으로 하느님을 기쁘게 한다고, 인간은 모두 장점도 있고 단점도 있다고, 세상에서 가장 중요한 것은 먼저 나 자신을 받아들이고 나 자신을 사랑하는 것이라고!

거품을 무는 나를 감동어린 눈으로 바라보며 꼭 껴안는다. 당신은 진정 우리의 '마미'라고 하면서. 우리들은 언제 그랬냐는 듯 비디오를 꺼내 한바탕 배우처럼 연기를 한다. 수녀들은 가짜로 찍는 줄 알다가, 화면을 보고는 배꼽

아래 수도원 쪽으로 가는 길섶,
2500년 되었다는 올리브 나무를 만났다.
둥지가 예술이다.

을 잡는다. 이별을 아쉬워하는 밤이 그렇게 깊어간다. 어느 누구도 궁극적으로 하느님의 깊은 신비를 헤아릴 수 없지만 하느님은 우리에게 그리스도의 마음을 주셨다. 세상은 나약함을 경멸하지만, 하느님 앞에서 나약함은 참된 힘이다. 하느님의 뜻을 인간의 언어로는 설명하기 힘들다.

화첩은 수녀님들의 손을 돌고 돌아 완성되었다. 모두가 참여한 화첩이라 의미도 깊다. 기쁘다. 그런데 수녀님들이 화첩을 이곳에 선물하는 걸로 알고 있다는 얘기를 듣고 깜짝 놀랐다. 한국에 가서 똑같은 느낌으로 복사본을 만들어 드리겠다고 약속했다. 오늘 점심은 떠나는 우리를 위해 사랑 많고, 눈썹이 일자이며, 한국을 다녀가셨던 수녀님이 특별한 식단을 준비했다. 개인마다 숯불에 구운 큼직한 생선이 나오고, 시금치 비슷한 야채를 으깬 것과 호밀 빵, 토마토가 듬뿍 든 샐러드, 오븐에 구운 야채구이, 백포도주 한 잔씩. 금식이 주식인 이곳에서 보는 가장 큰 성찬이다.

  내 앞에 마주 앉은 도터의 부어있던 얼굴은 어느 새 사라지고 얼굴 가득 함박웃음이다. 맛있게 먹자고 눈빛으로 말했다. 서로 마주보며 웃는다. 모처럼 안주를 만나니 포도주가 꿀맛이다. 내일이면 이별이고, 감상적인 무드 돌입으로 어느 새 포도주 한 잔을 비운다. 눈치 빠른 나의 도터는 살짝 잔을 바꿔 가득 찬 자기 잔을 내 앞으로 민다. 엄숙한 분위기에도 불구하고 우리 둘은 눈빛 대화로 바쁘다. 갑자기 우피 골드버그가 주연한 영화 〈시스터 액트〉가 생각나 피식 웃는다. 맛있는 생선은 반이 없어지고 와인은 어느 새 두 잔. 아! 그런데

이 수녀, 옆에 있는 와인까지 또 공수할 작정이다.

갑자기 취기가 얼굴로 확 치솟는다. 낮술의 취기가 대단하다. 안 그래도 술이 약한 내가 미쳤나 보다. 물먹는 타임이 시작되지 않았지만, 나는 어느 새 물을 벌컥벌컥 마신다. 그리고는 토마토를 가리키며 내 얼굴이 이 색깔이냐고 도터에게 눈으로 물었다. 순진한 나의 도터는 무슨 뜻인지 몰라 당황하고 내 얼굴은 더욱 불탄다. 다리에 힘이 쏙 빠진다. 큰일났다! 이 엄숙한 수도원의 수녀님들 앞에 홍당무가 된 얼굴을 보이다니… 나는 쉴 새 없이 병에 든 물을 다 마신다. 나의 짝꿍 수녀님한테 옮은 건가?

물은 잘도 넘어가네. 다행히도 물에 희석된 얼굴색은 그냥 봐 줄 만하게 바뀌고 나의 배는 출렁이는 바다 속이 되었다.

세상은 나약함을 경멸하지만,
하느님 앞에서 나약함은 참된 힘이다.
하느님의 뜻을 인간의 언어로는
설명하기 힘들다.

나는 대기 속에서 은은한 님의 향기를 느낍니다

내일이면 이별이라 생각하니 이곳의 시간들이 더욱 귀해진다. 어스름이 깔린 정원. 수녀님들의 맑은 표정들. 성당에서 울려 퍼지던 노랫소리. 수녀님들도 아쉬워하며 모두 함께 정원에서 담소를 나눈다. 또 한 번 지압으로 수녀님들의 비명소리가 정원을 울리고, 모두들 서서 요가를 따라 하며 깔깔 웃는다. 어느 새 나는 수녀원의 중요한 멤버가 된 거다. 하하. 갑자기 한 수녀님이 아리랑을 불러보란다. 뜬금없이 웬 아리랑? 하지만 지금 이 순간은 다시 오지 않지? 그래! 한 곡 불러 드리자. 나는 천연덕스레 바이브레이션을 넣어가며 아리랑을 불러 제꼈다. 박수소리가 나고 쇄도하는 앵콜. 더 큰 소리로 선창을 하니 어느 새 수녀님들도 따라 부르네. 순수한 영혼들의 합창이다.

떠날 때가 되어가니 뭔가를 나누고 싶어진다. 트렁크 가방을 열고 고민하다 보니 선물들이 나온다. 인사동에서 산 자수 골무, 그림 그리려고 산 부채, 수성 펜들, 사서 아직 쓰지 못한 검정 머플러, 영양제. 마음을 여니까 많은 물건들이 보인다. 자수 방에는 골무를, 이콘 방에는 부채를, 가난한 마다가스카르의 수녀님께는 머플러와 영양제를, 젊은 예비 수녀들에게는 수성 펜을 선물했다. 언제든 다시 이곳을 방문한다면, 우리들은 빗장을 활짝 열고 환영한다고 말씀하신다. 가슴이 뭉클하다!

철야 기도를 시작하는 종소리가 울린다. 백 수녀님은 나더러 짐도 싸고 새로운 출발지를 위해 푹 쉬라고 하며 자신은 마지막 미사를 온전히 드리고 싶다고 한다. 고요한 방에서 차곡차곡 짐도 싸고, 암반수로 샤워도 했다.

"마지막 밤을 그냥 보낼 수야 없지."

아! 그러고 보니 테오 수녀님과는 작별인사를 못했네. 조심스레 성당으로 갔다. 성가가 울려 퍼지는 성당을 향하는데 수녀님 두 분이 밖에서 미사를 드리신다. 아마 거동이 힘드신 수녀님일 거다. 가만히 옆자리에 앉았다. 귀에 익은 "끼리에 엘레이손" 소리가 노래로 들린다. 우리말로 "주여, 우리를 불쌍히 여기소서"이다. 머물렀던 열흘의 시간들이 파노라마처럼 지나간다. 찡한 마음으로 하늘을 올려다본다. 수도원 건물이 만들어내는 네모 속의 하늘. 크고 빛나는 별들이 정말 촘촘히도 박혀있다. 유난히 빛나는 이곳의 별들은 맑은 공기가 짙은 어둠으로 변하여 받쳐 주었기 때문이리라. 순간 별들이 눈송이가 되어 천천히 내린다.

꿈속인가? 주님이 펼치는 우주 속 향연이 지금 이 순간, 이곳으로, 나에게 밀려오나보다! 양쪽 뺨을 타고 뜨거운 눈물이 흐른다. 미사가 끝나고, 나는 얼른 테오 수녀님을 찾는다. 달빛 아래 훤칠한 수녀님의 모습이 눈에 확 들어온다. 테레사하고 작별인사를 못하고 헤어질까봐 수녀님께서도 나를 찾으셨다는 거다. 둘이는 가슴으로 인사를 나눈다. 행복했었다고. 꼭 껴안는다.

수도원 건물이
만들어내는 네모 속의 하늘.
유난히 빛나는 이곳의 별들은
맑은 공기가 짙은 어둠으로
변하여 받쳐 주었기 때문이리라.
순간 별들이 눈송이가 되어
천천히 내린다.

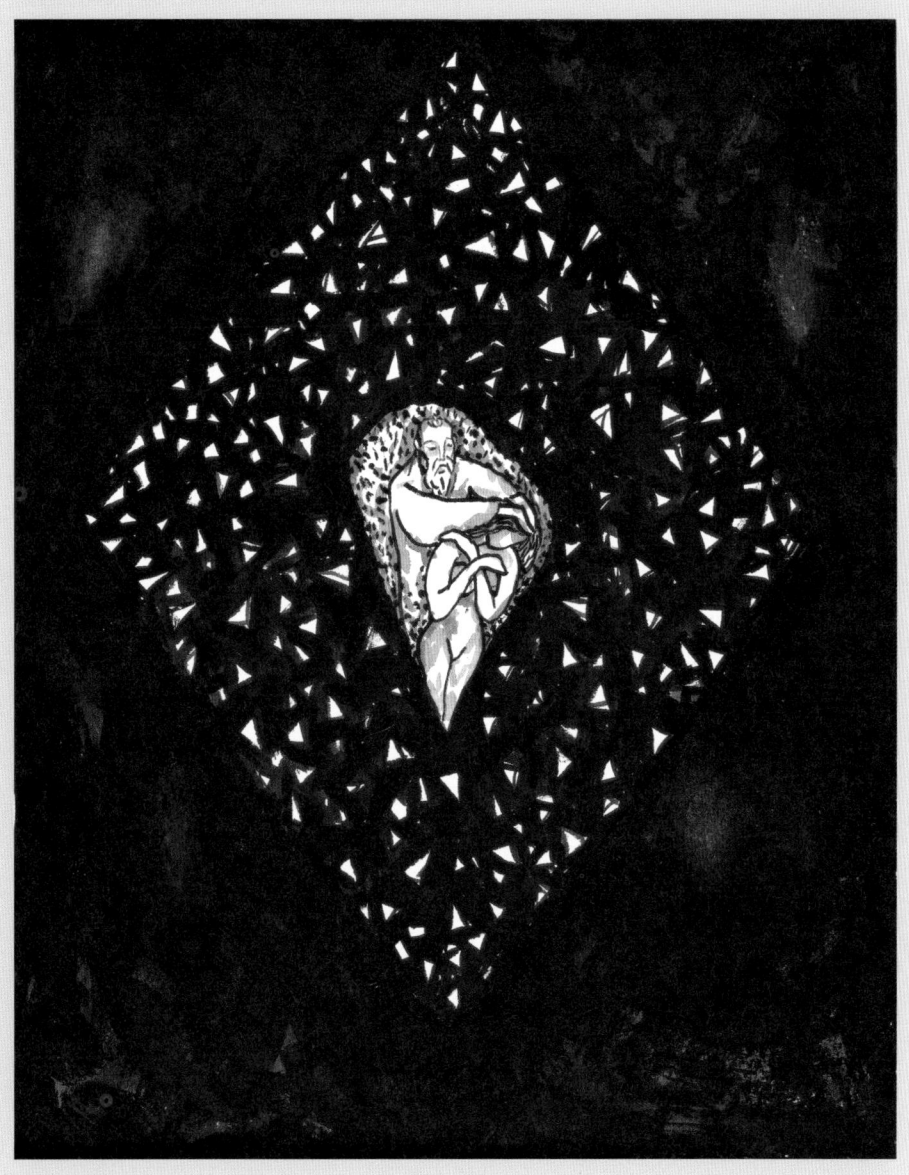

어찌하여 오늘 내 삶이
온통 들뜨고 떨리는 듯한 기쁨이
내 가슴 속을 지나가는 지를 나는 모릅니다.
나의 일을 끝낼 때쯤이면
나는 대기 속에서 님의
은은한 향기를 느낍니다.

님이 나를 만나고자 언제부터 내게 가까이
오신지를 나는 모릅니다.
님의 해와 별도 님을 나로부터 영원히 숨기지는 못합니다.
아침 저녁 여러 번 당신의 발자국 소리를 들었습니다.
그리고 님의 얼이 내 마음속에 와서
가만히 나를 불렀습니다.

어찌하여 오늘 내 삶이 온통 들뜨고
떨리는 듯한 기쁨이 내 가슴 속을 지나가는 지를 나는 모릅니다.
나의 일을 끝낼 때쯤이면
나는 대기 속에서 님의 은은한 향기를 느낍니다.

- 〈당신의 존재〉 타고르

크레타섬의 항구 하나에서
수녀님과 함께 배를 타고

항구의 골목 아트샵에서

꽃을 가꾸는 소명을 받으신
수녀님과 함께

동굴성당 곁에 있는
수녀님들의 기도실

흐리스피기 수도원의
아래 수도원에서

바오로
사도의 길

데살로니카와 필립비

데살로니카의 첫 날

새벽 하늘 아래 보이는 수도원을 뒤로 한 채 우리는 아쉬운 이별을 해야 했다. 태고적 모습을 간직한 소중한 추억의 장소를 이제는 떠나야 한다. 차창 밖으로 고개를 내민다. 아직도 쏟아지는 별과 달을 눈에 가슴에 담는다. 크레타 섬에서 데살로니카까지는 비행기로 이동했다. 우리는 또 다시 사도 바오로의 길을 따라서 여행길에 나섰다. 터키 여행 때 만난 여교수가 마중을 나왔다. 마리아 칼라스처럼 선이 굵은 얼굴이다. 반갑게 인사를 나눈다. 강의 일정이 꽉 차서 우리를 안내해줄 분은 동생으로 바뀌었다고 한다.

그녀의 동생 "에우게니아." 여섯 개 나라말을 구사하고 TV방송에서 강의도 하는 최고의 가이드다. 커다란 눈망울과 짙은 핑크 셔츠, 화려한 악세사리는 온 몸에서 정겨운 종소리를 내며 우리를 즐겁게 한다. 우리가 여행하던 때에 트럭들이 파업을 하는 바람에 그리스의 고속도로는 중간 중간 마비 상태였다. 우리들이 크레타 섬에 머물 때였으므로 다행히도 우리는 고속도로를 다닐 일이 없었다. 데살로니카에서는 사흘간 머물 예정이다. 그녀는 고속도로를 거쳐야 하는 일정을 먼저 하자고 했다. 언제 파업이 다시 시작될지는 아무도 모르니까.

그녀의 빨간 마티즈가 이곳에서는 더욱 귀엽다. 그리스는 차를 만들지 않는 나라인지라 우리나라 차가 많이 보여 퍽 반가웠다. 우리는 '까발라'로 향했다.

멀리 보이는 네아폴리스를
지나 필립비에 도착했다.
데살로니카에서
두 시간 정도의 거리다.
성경 속 필립비서가
바로 이 장소라니 감격스럽다.

현재는 '까발라'이지만 성서에서는 '신도시'라는 뜻인 '네아폴리스'로 불렸던 곳이다. 산기슭에 자리 잡은 네아폴리스에서는 넓게 펼쳐진 바다가 보인다. 산과 바다를 아우르는 정겨운 풍광이다. 사도 바오로께서 지나가신 곳. 눈길을 뗄 수 없다. 차창 밖으로 보이는 산세는 터키와는 사뭇 달라 보인다. 농토가 훨씬 많아 가끔씩은 우리나라 풍경처럼 눈에 익숙하다.

멀리 보이는 네아폴리스를 지나 필립비에 도착했다. 데살로니카에서 두 시간 정도의 거리다. 성경 속 필립비서의 무대가 바로 이 장소라니 감격스럽다. 세 사람은 시원한 그리스 냉커피로 여행자들의 결속을 다졌다. 그녀의 방대하고도 유창한 고대 그리스 역사 강의가 시작된다. 필립비를 알기 위해서는 먼저 필립포스 대왕과 알렉산더 대왕을 알아야 하고, 그 시대의 사회상을 제대로 이해할 때, 그림의 깊이도 달라진다고 강조한다.

  이곳은 기원 전 4세기에 알렉산더 대왕의 부친 필립포스에 의해 세워졌다. 필립비는 그의 이름을 따서 지은 도시다. 로마와 아시아를 잇는 커다란 도로가 있어 상업, 문화의 요충지였다. "필립비"는 용감하게 싸워 수많은 말을 거느리고 있다고 해서 그 이름의 뜻이 "말들"이다. 그 당시에는 말이 부의 상징이었다고 한다. 여자는 상업 활동을 할 수 없었고, 육아와 가사를 맡았다고 한다. 로마 식민지 시대의 필립비 유적을 방문했다.

  갑자기 그녀가 재판정 단상 위에 섰다. 고대 라틴어로 총독의 역을 대신하며 우렁차게 외친다. 그리고 우리를 그 시대로 데려간다. 그녀의 쏟아지는 역사 강의를 머리에 담기가 벅차다. 선생님께 손을 들고 질문을 한다. 해는 지려 하고 내 마음은 급하다. 그림 그릴 장소에서 그림도 그리고 공부도 하면 좋지 않을까? 그녀의 답은 No! 제대로 된 역사 이해 위에 얹힌 그림이 되어야 제대로 된 그림이라고! 소크라테스의 후손답다. 사도 바오로께서는 무식한 나를 제대로 공부시키시네. 아멘! 항복이다!

성 바오로와 실라가 갇혔다는 감옥으로 갔다. 그 분을 따라 가는 길에서 만난 그 분이 갇히셨던 바로 그 감옥! 가슴이 뭉클하다. 강한 지진으로 땅이 흔들리고 감옥 문이 열린다. 그리고 죄수들의 사슬이 풀린다. 이 사건으로 인해 간수장은 그리스도를 믿고 온 가족이 세례를 받는다. 전율이 이는 이 장소를 그림으로 그려본다. 쪼그리고 앉아 스케치를 하는데, 나이 든 두 분의 여행자가 감옥 안을 보려다가 계속 그리라고 활짝 웃는다. 나도 웃음으로 답한다.

스케치를 마치고 선생님을 보니 아까 그 두 분과 얘기를 한다. 그들은 프랑스 인이고 친구 사이이며, 특수한 여행정보지를 만들기 위해 여행 중이란다. 프랑스어를 완벽히 구사하는 "에우게니아"는 우리들의 일정을 자세히 설명한다. 우리들 모두는 바오로를 중심으로 만난 인연이라며 악수를 나눈다. 이 허허로운 벌판에서.

서서히 노을이 지려한다. 성당 터와 기둥들, 광장의 법정, 아고라의 설교대, 폐허 위로 그 당시의 웅장했던 문화가 피어오른다. 그러나 지금은 인적 하나 없다. 넓은 필립비 광장 한 가운데에 앉았다. 무너진 성당과 우뚝 선 기둥들을

성 바오로와 실라가
갇혔다는 감옥으로 갔다.
그 분을 따라 가는 길에서 만난
그 분이 갇히셨던 바로 그 감옥!
가슴이 뭉클하다.

스케치한다. 시간이 뱉어놓은 허무의 껍질이 내 마음에 뜨겁게 찍힌다.

하늘에 넘치는 큰 일들은
붉은 화롯불에 한 점 눈송이요,
바다를 덮는 큰 기틀이라도
밝은 햇볕에 한 방울 이슬일세.
그 누가 잠깐의 꿈 속 세상에
꿈을 꾸며 살다가 죽어가랴.
만고의 진리를 향해 모든 것 버리고
초연히 내 홀로 걸어가리라.

- 〈오도송〉 성철스님

리디아에게 봉헌된 성당은 조금 떨어진 곳에 있었다. 성당 옆으로 조그만 강이 흐르고 나무들 사이로 태양이 마지막 붉은 빛을 뿜어낸다. 고대 그리스 시대의 여자는 상업 활동을 할 수 없었지만 로마 식민지 시대가 되면서 그것이 가능해졌다. 리디아는 왕궁에서 입는 화려한 옷감을 만들어 판 그 당시 성공한 부자였다. 자주색 화려한 옷감을 염색하기 위해 리디아는 일꾼들과 강에서 세탁을 했다. 사도 바오로께서는 강가에서 여인들에게 자주 복음을 전파하셨다. 자색 옷감 장수였던 리디아는 유럽에서 첫 그리스도인으로 세례를 받았고 자신의 집에서 바오로 사도와 일행들을 머물게 했다. 유럽 최초의 가정 교회가 그렇게 시작된 것이다.

깜깜해진 성당 안으로 들어갔다. 선생님은 이곳 신부님과 절친이다. 늦은 밤 도착한 손님에게 성당을 환히 밝혀주셨다. 성당은 요즘 만든 모자이크 벽화로 장식되어 있다. 현대적 기법으로 한 눈에 들어오는 작품이다. 성당 중앙에는 커다란 세례조가 있고 그 곳에서 세례성사가 거행된다고 한다. 이 곳 정교회 신부님은 결혼을 하셨는데 성물 판매소에서 일하는 여인이 부인이다. 귀여운 강아지. 놀러 온 친척들. 따뜻한 사람 사는 냄새가 난다. 성당 앞 통로에서 할아버지 한 분이 고달픈 모습으로 맥주를 마신다. 독일에서 오셨다는 이 할아버지. 여행을 시작하게 된 계기를 묻자, 하느님께서만 아신다며 성 바오로의 길을 따라간다고 했다.

할아버지의 얼굴은 힘들어 보이고 무언가 갈구하는 간절한 마음으로 가득 차 있었다. 바오로 사도의 길을 걸으며 그분의 고된 삶의 보따리가 가벼워지길 마음으로 기도했다. 바오로의 길을 도보로 따르는 순례객들이 세계 도처에서 이곳으로 모인다고 한다. 그래서 신부님은 숙소와 음식 등 여러가지 편의를 제공하신다. 플라타너스의 시원한 바람이 리디아의 옷감을 연상하게 하고, 강아지와 함께 뛰노는 신부님과 아이의 웃음이 리디아의 웃음과 겹쳐진다. 최초의 가정 교회가 시작된 곳답게 푸근하다.

자색 옷감 장수였던 리디아는
유럽에서 첫 그리스도인으로
세례를 받았고 자신의 집에서
바오로 사도와 일행들을 머물게 했다.
유럽 최초의 가정 교회가
그렇게 시작된 것이다.

우리는 다시 네아폴리스에 도착했다. 사도의 방문을 기념하여 세운 성당 앞에는 바오로 사도가 네아폴리스에 도착하는 장면과 마케도니아 복장을 한 사람의 모습이 모자이크로 잘 묘사되어 있다. 우리는 밤 항구의 이곳 저 곳을 둘러보았다. 즐비하게 늘어선 가로수 아래 그리스 전통 음식점의 야외 식탁에 앉아 식사를 했다. 주인은 선생님과 반갑게 인사를 하며 갓 잡아온 성성한 생선구이를 권한다. 우리나라 열어처럼 생긴 붉고 신선한 생선을 맛보며 여행의 피로를 풀었다. 잠시 후 바오로 사도의 감옥 앞에서 만난 프랑스인 두 분이 나타났다. 필립비에서 만났는데 다시 네아폴리스에서 만나게 되다니!

스케치는 잘 마쳤느냐고 묻는다. 언어에 능통한 선생님은 능숙한 불어로 삶의 질곡이 느껴지는 노인들의 방대한 대화에 뛰어든다. 언어 소통은 쉽사리 벽을 허문다. 우리들은 마음을 풀어놓는다. 와인으로 건배하며 여행의 즐거움을 한껏 누렸다. 늦은 밤 고속도로 갓길에는 파업을 준비하는 트럭들이 끝없이 이어져 있다. 다행히 도로를 막지 않아 우리의 일정은 무사히 끝났다.

데살로니카의 둘째 날

어제 새벽 두 시 데살로니카에 도착했다. 에우게니아는 오전 열한 시에 호텔로 왔다. 오늘은 새파란 의상에 하늘빛 악세사리 들이 반짝인다. 경쾌한 옷차림과 생기 넘치는 화술로 선생님은 학생 둘을 사로잡는다. 베리아로 향했다. 차 안에서부터 강의는 시작되고 늦깎이 공부에 뇌는 공회전하고 있다. 케밥으로 간단한 점심식사를 하고 성서 속 장소인 베리아를 돈다.

사도 바오로와 실라, 디모테오는 데살로니카에서 쫓겨나 열이틀 동안 걸어서 베리아에 도착했다. 두 시간이면 오는 거리를 그 당시에는 열이틀이나 걸렸구나. 사도께서는 여기 전도 활동을 하며 큰 성과를 올리셨다고 한다. 이곳에는 유대인 정착촌과 회당이 있다. 그 당시 베리아에 있었던 유대인들은 성서에 우호적이었다고 한다. 많은 유대인들이 사도 바오로의 가르침을 잘 받아들이고 꽤 많은 수가 세례를 받았다. 사도 바오로를 모셨다는 의사 야손의 집을 방문했다. 물론 그 집터에 지금은 아담한 정교회 성당이 세워져 있다. 무수히 많은 조그만 고대 성당들이 이곳에 산재해 있다.

사도께서 전도하신 열매를 보는 것 같다. 열정의 사도께서 이 도시를 지나시면서 복음으로 생명의 씨앗을 뿌리셨을 거라는 생각에 다시금 힘을 내어 그 분의 길을 따라간다. 알렉산더 대왕의 고향인 벨라로 향했다. 1977년에 가로 110m, 세로 12m의 대형 봉분이 발굴되었다. 봉분 안에는 세 개의 무덤과

열정의 사도께서 이 도시를
지나시면서 복음으로 생명의 씨앗을
뿌리셨을 거라는 생각에
다시금 힘을 내어 그 분의 길을 따라간다.

한 개의 석관묘가 있었다. 그 중 하나가 필리포스 2세의 것으로 밝혀졌다. 무덤에서는 칼, 방패, 갑옷 등의 부장품과 황금 유골상자가 출토되었다. 내부는 벽화로 화려하게 장식되어 있는데 지금은 웅대한 박물관으로 꾸며져 있다.

 음습한 기운이 흐르는 지하로 들어간다. 그 당시 왕들의 화려한 생활과 문화를 엿볼 수 있는 유물들이 엄청난 규모로 전시되어 있다. 필리포스 2세와 알렉산더 대왕 시대 꽃을 피운 마케도니아 왕국의 영화를 짐작케 한다. 그 시대의 금세공은 얼마나 섬세하고 화려한지 입을 다물 수 없다. 왕들의 무덤 또한 당시 모습대로 전시되어 있다. 이 엄청난 규모의 박물관이 외따로 위치해 있는 것이 안타깝다. 그러나 우리는 에우게니아 덕분에 이 대단한 유물들을 볼 수 있었다.

돌아오는 길. 한국의 보리밭 사잇길 같은 정겨운 길 위를 달린다. 둥글둥글 보름달에 가까워 가는 밝은 달이 솟았다. 갑자기 가족들의 얼굴이 떠오른다. 다른 나라에서 보게 되는 보름달이 고향을 떠올리게 한다. 모두들 나를 위해 기도해 주는 기운을 느끼며 평화로움에 젖는다. 가족이란 참으로 소중한 것이다.

에우게니아의 언니 교수가 저녁식사를 집으로 초대했다. 독신인 그녀의 집은 부모님이 물려주셨단다. 그리스에서는 부모에게 가장 효도하는 자식에게 재산을 상속한다고 한다. 그녀의 집은 데살로니카에서 가장 부촌에 있는데 바닷가에 있는 아파트는 집안 곳곳 오래된 가족사진들과 부모님의 유품, 골동

품, 또한 교수님이 볼 법한 귀한 책들로 고풍스럽게 꾸며져 있다. 정성껏 마련한 식탁에서 우리는 건배를 했다. 사도 바오로를 위하여! 올리브유와 레몬을 갈아서 만든 소스. 특별한 맛이다. 깊고도 상큼하달까? 석쇠에 구운 생선 위에 이 소스를 끼얹어 먹는다. 연구하랴 학생 지도하랴 바쁜 생활 속에 지내는 그녀가 손수 우리들을 위해 마련한 풍성한 음식. 감동적이다.

 오늘도 고속도로 위에는 파업 중인 트럭이 줄지어 있었다. 만약 도로가 막히면 정말 우리 고생줄이 늘어날 텐데... 휴! 감사하다. 우리는 많은 얘기들을 식탁 위에 올려놓고 수다를 떤다. 데살로니카에서의 둘째 날이 이렇게 가고 있다.

그 시대의 금세공은
얼마나 섬세하고 화려한지
입을 다물 수 없다.
왕들의 무덤 또한
당시 모습대로 전시되어 있다.

데살로니카의 셋째 날

고속도로 사정 때문에 염려했던 일정은 무사히 끝나고 오늘은 데살로니카 시내를 관광한다. 데살로니카는 아테네 다음으로 큰 도시다. 이곳은 유네스코가 지정한 세계의 문화유산이며 '유럽문화도시'로 선정되었다. 기원전 315년 카산드로스 왕에 의해 세워진 이 도시의 이름은 카산드로스의 아내 데살로니케의 이름을 딴 것이다.

도시 곳곳에는 초기 기독교시대에 세워진 수많은 교회 건축물들과 고성이 즐비하다. 우리가 머무는 호텔 뒤로 드미트리우스 성당이 있다. 그러나 우리는 먼저 도시 전체를 전망할 수 있는 고성 위로 갔다. 눈 아래로 데살로니카의 속살이 드러난다. 바오로 사도의 자취와 그분의 노력으로 결실을 맺은 수없이 많은 초대 교회의 성당들이 가슴을 뜨겁게 한다. 오늘 에우게니아는 하얀 티셔츠에 방금 목욕을 하고 나온듯한 상큼한 모습으로 우리를 즐겁게 한다.

성곽을 돌고 돌며 옛날 그대로의 좁은 도로를 커다란 버스가 정겹게 다닌다. 우리도 마을버스를 탔다. 에우게니아는 운전기사 분과도 친구다. 기사 분이 수녀님과 내게도 반갑게 인사를 한다. 시골 마을버스처럼 푸근한 것이 모두가 집안 같고 친구 같다.

시내와는 달리 시대를 훌쩍 뛰어넘는 성곽 안의 묘한 마을. 모퉁이를 돌 때마다 곰삭은 비잔틴시대의 성당들이 나타난다. 성당 안. 벽화는 상처투성이다.

　세월과 하나가 된 성스러운 그림 위에 징으로 찍힌 수없이 많은 자국들. 그럼에도 불구하고 그림이 더욱 도드라져 보이는 것은 무엇일까? 어떤 물리적 힘도 찬란한 정신을 덮을 수 없구나! 정다운 골목을 굽이굽이 돌며, 선생님의 역사 강의는 종소리처럼 계속해서 울린다.
　마을의 중년 여인이 갑자기 선생님을 보고 달려온다. TV에서 선생님 프로그램을 열심히 보는 팬이라고 열광한다. 영화 속에나 나옴직한 식당이 보인다. 당신과 마지막으로 하는 식사는 바로 이 곳이어야만 해! 돗자리 도사는 정확하게 맞힌 것을 기뻐하고 이별의 성찬은 눈도 입도 마음도 모

두 만족. 내일이면 폴란드로 강의를 떠나야 하는 선생님과 뜨거운 이별을 한다. 부족한 나에게는 과분했던 그녀. 바오로 사도의 특은이 아니면 만날 수 없었던 귀한 인연.

아디오스, 아미고! 벗이여, 안녕!

오늘은 데살로니카의 날이다. 일 년에 한 번 있는 축제가 바로 오늘이다. 이런 행운이! 시내도로는 차량이 전면 통제가 되고 길거리는 온통 축제 분위기다. 하늘색 풍선을 단 자전거가 도심 가운데로 쏟아져 나온다. 길 양쪽으로 시민들의 뜨거운 박수가 거리를 메우고 광장은 음악소리로 들썩인다. 한켠에는 절벽타기, 또 한켠에는 신출귀몰 묘기를 부리는 롤러 블레이드, 장대같이 긴 다리의 인형 아저씨들 공연, 길거리 비보이들의 현란한 무대. 각종 페스티벌이 열리며 시민들이 흥겹게 즐기는 날이었다. 데살로니카에서 보내는 마지막 밤이라고 교수님이 저녁 초대를 해왔다.

전통 그리스 음식점이다. 이곳에서 오래 산 사람이 아니면 보기 어려운 재래시장 골목을 지났다. 비린내 나는 시장통, 이 곳이나 저 곳이나 사람 사는 모습은 모두 비슷하다. 오늘이 축제여서 그런지 식당의 발코니들은 발 디딜 틈이 없다. 그리스 경제가 IMF 직전의 위기 상황이라고들 하는데 피부로 실감하기는 아직 멀다. 적당히 낡은 건물의 이층으로 올라간다. 대학생 아르바이트생인 이곳의 웨이터들은 훤칠한 키에 그냥 예수님 모델로 써도 손색이 없을 것 같다. 멋지다! 그리스에서 느끼는 것이지만 대부분의 그리스인들은 얼굴이 지적이고 몸매는 가늘고 전체적으로 예민한 인상이다. 철학자들의

시내도로는 차량이 전면 통제가 되고
길거리는 온통 축제 분위기다.
하늘색 풍선을 단 자전거가
도심 가운데로 쏟아져 나온다.

후예답다.

　이 나라에서도 문어와 오징어를 즐겨 먹는단다. 숯불에 적당히 구워진 문어와 오징어를 먹었다. 부드러우면서 재료 자체가 갖는 순수한 맛을 느끼게 한다. 야생초처럼 상큼한 야채에 간장소스와 깨를 뿌린 샐러드. 특별한 맛이다. 그다지 비싸지 않은 식당이지만 현지인이 아니면 올 수 없는 곳이다. 교수님의 우정 어린 호의에 감사하며 한국에 오면 꼭 연락하자고 약속했다. 성경 속 "데살로니카인들에게 보내는 편지"의 바로 그 데살로니카.

　마지막 밤이 지나는 것이 못내 아쉽기만 하다.

필립비의 재판장 단상에서 고대 라틴어로
총독역을 하는 에우게니아

폐허의 필립비 광장에서
스케치를 하다

데살로니카 축제의 날
거리에서

그리스 디미트라 교수님과
에우게니아와 함께 교수님댁에서 저녁식사 중

시간 밖의 시간
공간 밖의 공간

메테오라

메테오라에서는 누구나 깨달은 자가 된다

한시라도 빨리 메테오라가 보고 싶어 새벽 첫 버스를 타고 갈람바카로 갔다. 작은 키에 남미풍의 얼굴을 한 '조이'가 마중을 나왔다. 그녀는 독실한 정교회 신자이고 독신녀다. 호쾌한 웃음에 60대 중반의 나이라고 믿지 않을 만큼 건강하다. 70년대 말에나 보던 스틱 자동차를 거침없이 몬다. 나도 운전면허를 스틱으로 땄기 때문에 어떻게 운전하는지 감을 알고 있다. 그런데 조이는 1단을 넣고 한참 동안 밟아서 차가 죽겠다고 소리를 질러야 2단을 넣는 이상한 습관이 있다. 그럼에도 불구하고 속력은 굉장하다. 이 차는 그렇게 단련이 되어 있나보다.

차가 갑자기 길 밖으로 튕겨져 나갈 것만 같다. 내 손은 땀으로 흥건하다. 그러나 차 안은 호탕한 웃음으로 가득 하고, 창 밖 풍경은 뭔가 예사롭지 않은 기운을 뿜어낸다. 저 멀리 메테오라가 보이기 시작한다. 이번 여행의 하이라이트로 기대하며 가슴 뛰어하던 그 장소.

메테오라! 드디어 눈앞에 모습이 드러난다. 피는 용솟음치고 심장의 박동은 높아간다. 차를 어떻게 몰든 이제 상관없다. 너무 흥분하는 내 모습을 보고 조이는 신이 났다. 세상에! 황량한 벌판에 솟아오른 거대하고도 기묘한 바위기둥들! 숙소가 먼저가 아니다. 전체 분위기를 보기 위해 먼저 한 바퀴 돌기로 했다.

기적이 공공연히
일어날 것 같기도 하고
신의 목소리가 들릴 것도 같다.
메테오라에서는 누구나
깨달은 자가 된다.

멀리서 보던 메테오라를 가까이에서 보니 바위들의 엄청난 기운으로 몸이 자빠질 것 같다. 우뚝 솟은 바위기둥 자체도 놀랍기만 한데 꼭대기에 위태롭게 들어선 수도원들! 경이롭기만 하다. 좁은 바위 위에 아찔하게 서 있는가 하면 깎아지른 절벽 옆에 붙어있는 형상이기도 하다. 이 웅대한 자연 위에 수도원이 없다면 감동은 반으로 줄어들리라. 메테오라는 그리스 말로 "공중에 떠 있다"라는 뜻이란다.

이곳이 왜 메테오라인지 수도원들을 보면 저절로 이해가 된다. 털털거리는 차의 소음을 이 위대한 자연의 감동이 삼켜버리고, 화창한 햇살 아래 메테오라를 느끼기 위해 나의 눈은 바쁘게 돌아간다. 이 경이로운 장소에서 2박 3일 밖에 보낼 수 없는 일정표를 두고 처음으로 수녀님께 싸움을 걸고 싶어진다. "아니! 최소 일주일은 잡아야지, 이토록 신비한 장소에서 이틀 자고 가는 게 말이나 되냐?" 목청이 갈라진다. 언제나 미소 짓는 수녀님! "어쩌면 짧고 진하게 느끼라는 그 분의 뜻!"이라며 방긋 웃는다. 또 졌다.

그렇다면 나는 나대로 이 감동적인 장소에서, 최소한의 일정에서 최대치를 풀어내야지! 오늘은 메테오라의 여러 면을 눈으로 담고 내일은 온전히 혼자서 하루 종일 그림을 그리기로 계획을 세웠다. 갑자기 허기가 진다. 그제서야 짐을 숙소로 옮기기로 한다. 조이의 집은 그녀의 모습처럼 작고도 당당하다.

조그만 마당,

조그만 차고,

조그만 이층집.

그러나 이층 작은 집에는 없는 게 없다. 일층은 우리가 쓰고 이층을 조이가 쓴다. 손님을 배려한 구조로 마음껏 쉴 수 있다.

금강산도 식후경. 우리들은 나무 그늘이 시원하게 드리워진 야외 식당에 앉았다. 이 식당에서는 스테이크를 잘 하니 그걸 먹어보라고 조이는 권한다. 그렇지 않아도 저 기운 넘치는 메테오라를 맞이하려면 든든히 먹어야겠다고 생각하던 중이었다. 그런데 정작 조이는 감자튀김만 먹는다. 왜 그러느냐고 물으니 금육기간이라고 한다. 정교회 교인들의 철저한 믿음을 여러 번 목격한 내게 부끄러움이 밀려온다. 나의 믿음 밭이 얼마나 엉성한지 또 다시 확인하는 순간이다.

고양이 녀석들이 발치에서 애교를 떨며 부스러기를 기다린다. 고양이에게는 미안하지만 어쩔 수 없다. 내일 도시락을 위해 남긴 것을 싸달라고 한다. 조이가 계산을 한다. 둥그레진 우리 눈을 보며 이 멋진 메테오라가 백 수녀와 데레사를 환영하는 것이라며 웃는다. 우리는 또 다시 털털이차를 타고, 자연과 인간이 만들어낸 위대한 합작품을 감상하러 간다. 바위들의 평균 높이는 300m이고, 가장 높은 바위는 550m라고 한다. 좁은 바위 꼭대기에 아찔하게 서 있는 수도원은 옛날에는 사람이든 물건이든 밧줄과 도르래를 이용해야만 이동이 가능했다고 한다. 망태기처럼 생긴 그물망이 도르래 밑에 달려있다. 현기증 나는 높이 위로 수도사들이 매달려 다녔을 것을 상상해본다. 저런 굉장한

좁은 바위 꼭대기에
아찔하게 서 있는 수도원은
옛날에는 사람이든 물건이든
밧줄과 도르래를 이용해야만
이동이 가능했다고 한다.

수도원을 왜 저토록 높은 곳에 지었을까? 가장 하늘과 가까운 곳에서 경건한 기도를 드리기 위해서? 이 한 장 한 장의 벽돌과 기와. 정교하고도 위대한 걸 작품인 성화. 모두 이 높은 장소에서 이루어낸 신앙의 결정체들이다. 놀랍다!

온갖 불편함을 자청해서 속세로부터 멀리 떠나 신의 목소리를 듣고 계신 분들. 기적이 공공연히 일어날 것 같기도 하고 신의 목소리가 들릴 것도 같다. 메테오라에서는 누구나 깨달은 자가 된다.

이 메테오라에서는 11세기부터 수도사들이 은둔을 시작했고, 14세기 초 성 아타나시오가 최초로 수도원을 세웠다고 한다. 그 후 스무 군데의 수도원이 있었는데, 현재는 수도원 다섯 곳과 수녀원 한 곳만 남아있다.

우리들은 먼저 성 스테파노 수녀원으로 간다. 들어서는 길목에서 아래를 내려다보니 현기증이 난다. 90도를 넘어 110도에 달하는 기암절벽들이 보는 사람을 확 끌어당길 기세다. 아찔하다! 언젠가 나이아가라 폭포 앞에서, 거대한 폭포의 기운으로 인해 아무리 똑바로 서 있으려고 애써도 확 끌려들어가는 힘 앞에 풀썩 주저앉은 기억이 난다. 대자연의 엄청난 기운은 미약한 우리 자신을 돌아보게 하고 절대자의 위용 앞에 무릎을 꿇게 한다. 치마를 입지 않은 여성들은 보자기처럼 된 치마를 바지 위에 둘러야만 수도원 입장이 가능하다. 시대착오적인 발상이지만 겸허를 배우는 마음으로 다소곳이 치마를 두른다.

수도원 건물은 어느 한 곳도 허술히 지어진 공간이 없다. 조그만 창문, 문틀,

벽면마다 조화를 이루는 벽돌의 하모니, 네모난 공간과 둥근 공간의 조화, 정성스런 기와의 비례, 정원에 심겨진 꽃들, 건물과 건물 사이 좁은 골목의 바닥까지도 완벽하다. 성당으로 들어섰다. 온통 프레스코화로 그려진 작품이 가득하다. 어느 곳의 성화들보다 보존상태가 좋다. 그리고 비잔틴 성화 가운데서도 예술성이 뛰어나 보인다. 유네스코가 세계 문화유산으로 지정한 이 메테오라에는 세계 각처에서 수많은 관광객들이 밀려온다. 조용히 머물고 싶지만 그건 희망 사항일 뿐 많은 사람이 보긴 봐야 한다. 이토록 영적인 공간에서 내 의지와는 상관없이 떠밀려 간다는 건 억울한 일이지만 별수 없이 우리도 사람들 사이에 끼어 숲속 길을 내려간다. 이곳에서 가장 오르기 힘들다는 트리니티 수도원. 깎아지른 바위와 바위. 그 사이로 구름다리 형태의 계단을 오른다. 심하게 바람이 불면 종잇장처럼 그냥 날아갈 것 같다. 우리는 손에 손을 잡고 아슬아슬하게 올라간다. 짜릿한 계단 아래로 보이는 양쪽의 풍경은 더욱 긴장감이 돈다. 007영화에도 나온다는 이 트리니티 수도원은 짜릿함의 대명사로도 손색이 없을 것 같다.

우리는 잠시 숨을 돌려 여러 각도에서 자연이 가장 잘 보이는 길섶에다 차를 세웠다. 폭이 좁고 S자, Q자 곡선으로 이어지는 위험한 도로 사정상 간신히 주차를 했다. 평평한 바위를 올라서 가다보면, 뛰어넘기에는 조금 넓고 양쪽 아래는 아주 급경사인 공간이 나타난다. 그런데 그 너머에 있는 사람들은 기가 막힌 풍경을 보았는지 환호성을 지른다. 용기가 필요한 순간이다. 나는 눈

대자연의 엄청난 기운은
미약한 우리 자신을 돌아보게 하고
절대자의 위용 앞에 무릎을 꿇게 한다.

을 질끈 감고 심호흡을 한다. 이 멋진 곳에서 죽으면 죽으리라는 각오로 훌쩍 뛰었다. 다른 넓적바위 저 쪽에 펼쳐진 풍경이라니! 아! 내가 용기를 내지 못했다면 볼 수 없는 장면이다. 조금만 시야가 달라져도 이렇게 다른 그림을 볼 수 있다니!

깎아지른 바위가 만들어낸 수직과 삼각의 완벽한 조화 속에 펼쳐진 평화로운 마을. 감탄 어린 눈으로 세상 속 풍경이 아닌 이곳을 깊이 가슴에 담는다. 수녀님 쪽으로 달려가 건너 뛰어보라고, 굉장하다고, 고함을 지른다. 나의 짝꿍 백 수녀님! 고양이 포즈로 고개를 살래살래 젓는다. 나는 그녀의 귀여운 모습에 또 녹는다.

사랑스런 나의 금붕어 수녀님!

우리는 세 번째로 대 메테오라 수도원으로 갔다. 메테오라에서 제일 먼저 지은 수도원이며 가장 높은 곳에 위치해 있는 가장 큰 규모의 수도원이다. 입구에 들어서면 까마득한 수도원 암벽 위로 그물 망태기가 보인다. 수도사들이 짐짝처럼 그 그물망 속에 쪼그리고 매달려 오르던 장면이 눈앞에 그려진다. 그 분들의 하느님께로 향한 사랑과 믿음이 밧줄을 타고 아스라이 높은 곳으로 올라간다. 좁다란 난간대를 굽이굽이 올라가면 조금 전에 보았던, 도르래가 있는 장소에 도착한다.

그 곳의 표 받는 아저씨와 조이는 절친한 사이인가보다. 이 동양여자가 내일 다시 오면 절대로 돈을 받지 말라고 당부한다. 눈에 가득 웃음이 담겨 있는 이 아저씨, 오케이! 오케이! 를 연발한다. 나는 또 다시 치마를 두르고 수도원 이곳저곳을 감상한다. 이곳의 규모는 굉장하다. 모퉁이를 돌면 그 시대의 부엌이 그대로 보존되어 있다. 무쇠 솥이 가운데 매달려있고, 그 아래로는 장작 불을 피울 수 있게 널따란 화로처럼 만들어져 있다.

주물로 된 커다란 냄비와 프라이팬들, 많은 부엌기구들이 그 때의 규모를 상상케 한다. 우리나라 절에서 치는 목어처럼 생긴 커다란 탈란톤 Talanton 은 역사만큼이나 깊이 패여 건물 끝에 매달려있다. 리드미컬한 탈란톤 소리는 수도자들에게 미사 시간, 식사 시간을 알려준다고 한다. 탈란톤 맞은편에는 이곳에서 돌아가신 수도사들의 두개골이 질서정연하게 놓여 있다. 헤아릴 수 없이 많은 해골들! 두개골 아래로 그 분들의 이름이 하나하나 씌어 있어 그 앞에 서니 모골이 송연해진다. 오직 하느님만 바라보며 자신의 영혼을 위해, 온 인류를 위해 기도하고 평생을 바친, 그 수도자들의 맑은 혼이 나를 보고 계신 듯하다. 이 분들의 혼이 이 웅대한 메테오라를 더욱 영적으로 신비롭게 만들고 있구나! 이 장면은 내게 깊이 각인되어, 다음 그림의 중요한 소재가 될 것 같다.

어두컴컴한 대성당으로 들어갔다. 연륜이 녹아들어 있는 성화들의 보고. 예수의 세례, 탄생과 재림, 최후의 만찬, 유다의 배반, 오병이어, 데이시스 등 다양한 내용의 프레스코화들이 성당의 분위기를 한층 거룩하게 만든다. 나는 압도당한다.

오직 하느님만 바라보며
자신의 영혼을 위해,
온 인류를 위해 기도하고 평생을 바친,
그 수도자들의 맑은 혼이
나를 보고 계신 듯하다.

성화에 흠뻑 취한 후 정원을 나서니 또 다른 세상이다. 평화스런 고양이들은 관광객들에게 단련이 되었는지 오고가는 사람들은 안중에도 없다. 고양이들과 어우러지는 오밀조밀 정겨운 정원의 꽃들. 정원을 지나면 막다른 곳에 정자처럼 세워진 쉼터가 보인다. 짝꿍 수녀님은 메테오라에서 여기가 가장 마음에 든다고 한다. 가장 높은 곳이며 시원스레 트인 이 곳. 한없이 펼쳐지는 절경들을 마주하며 신께 경배 드린다.

이곳은 모든 것이 깊다!

보름달이 내 손을 붙잡고 메테오라를 그리네

    수도원을 나오니 석양이 진다. 자질구레한 것들이 사라지고 실루엣으로 남는 바위덩이들은 기울어지는 햇살과 어울려 더욱 큰 그림을 그리고 있다. 조이는 어둑해지는 도로를 의식이나 하는지 털털이 차를 신나게 몬다. 이곳에서 태어나 지금까지 살고 있어 눈 감고도 길이 훤하다며 걱정하지 말라고 하는데 우리 둘은 오금이 저린다.

    산길을 돌고 도니 어둠이 내린다. 캄캄한 메테오라에는 괴기함이 서린다. 이런 산중턱에 홀로 던져 놓는다면 누구라도 바위가 거대한 괴물처럼 느껴져 기절해 있을 거다. 블랙홀을 빠져 나오듯 숙소로 왔다. 조이가 준비해 놓은 저녁식사를 한다. 조이는 영어를 한토막도 못하고, 나는 그리스어를 한토막도 할 수 없다. 수녀님이 안 계시면 둘이는 벙어리 삼룡이처럼 손짓 발짓 다 하는데 정말로 해야 할 말은 눈빛만으로도 통하는 게 신기하다. 호쾌한 그녀의 웃음 위에 나의 웃음이 포개지면 모든 게 OK다. 식사를 마치고, 조이에게 달빛 속 메테오라가 보고 싶다고 뒷동네 쪽으로 드라이브를 부탁했다. 그렇게도 메테오라가 좋으냐며 흔쾌히 운전대를 잡는다. 우리의 털털이 차는 성능 좋게 또 다시 산자락을 오른다.

    아! 보름달에 출렁이는 달빛 메테오라! 아! 어떤 미사여구로도 담을 수 없다! 조금 전의 괴기함은 둥근 달빛이 밀어내고, 먼 나라 달에서 보내는 메시지

참으로 밝은 달빛에는 모든 것을
따뜻하게 녹이는 마술이 있다.
이 다정한 마력에 끌려
붓은 춤을 추듯 종이 위를 달리고
어느덧 달빛이 그림 위로 내려앉았다.

를 들으며 바위들이 다정하게 모여 있는 듯하다. 참으로 밝은 달빛에는 모든 것을 따뜻하게 녹이는 마술이 있다. 이 다정한 마력에 끌려 붓은 춤을 추듯 종이 위를 달리고 어느덧 달빛이 그림 위로 내려앉았다.

  보름달이 내 손을 붙들고 그린 마술의 그림이다.

늦은 밤. 내일 하루를 위해 나는 도시락 준비를 한다. 코펠 위에 밥을 짓고, 낮에 가지고 온 고기를 토막 내어 야채를 넣고 볶다가 고추장을 푼다. 멋진 도시락 반찬이 되었다. 김과 과일, 물을 준비한다. 훌륭하다. 전쟁터로 가는 군인처럼 또 한 번 완벽하게 준비물을 점검한다. 이렇게 가슴 뛰는 대자연의 파노라마를 앞에 두고 하루 만에 결전을 치러야 하는 비장한 심정을 성모님께 아뢰고, 묵주를 손에 끼고 잠이 든다.

  성모 어머니께서 내 손을 잡고 함께해 주시기를.......

홀로 하는 여행은 자신을 들여다보는 것

적당히 구름이 낀 날씨다. 그림을 그리기엔 화창한 날보다 이런 날이 최적이다. 구름이 무드도 조성하고, 눈도 부시지 않아 최상의 날씨를 주시니 감사 또 감사를 드린다. 대 메테오라 수도원 앞에 내렸다. 저녁 6시에 이곳에서 다시 만나자고 약속하고 헤어진다.

짝꿍 수녀님은 조이와 함께 그녀의 친척들과 정교회 신자들을 두루 방문할 계획이다. 배낭을 단단히 둘러메고 어제 눈여겨보았던 장소로 향한다. 내 마음에 꼭 드는 곳에 서니 기가 막힌 요새다. 지나가는 관광객은 들어올 수 없고 반대편에 서야만 내 모습이 보이는 곳이다. 편안한 장소에서 대 메테오라 수도원을 그려보자. 특히 도르래 앞 그물 망태를 그리면서 수도사들의 삶도 함께 포개어진다. 한참 그림 속에 빠져 있는데 난데없이 우리말이 들린다. 한국 관광객 한 무리가 떠들썩하게 지나간다.

한 20분이 지났을까 세계의 언어가 범벅이 된 이곳에 한국가이드의 빨리 오라는 고함이 다시 떠들썩하다. 이런, 이런, 이곳은 그냥 그렇게 스쳐가는 장소가 아니라오. 모두를 불러 세워 잠시라도 이 위대한 자연과 인간이 이루어낸 경이로운 합작품을 온몸으로 가만히 느껴보라고 외치고 싶다. 감상에 젖기엔 이 몸도 바쁜 몸이라 다음 곳을 향해 배낭을 둘러멘다.

차를 타지 않고 산길을 걸어가는 호젓한 이 시간. 혼자 휘파람을 불며 여유

혼자 하는 여행은
자기에게 던지는 수많은 질문에 대해
깊이 생각하게 되는 것.
바쁜 사람들이 지배하는 세상에 대해,
미친 듯한 리듬을 타고 돌아가는
우리의 삶에 대해

롭게 걷는다.

　모든 것이 온몸으로 전해진다. 갑자기 천하의 방랑객 김삿갓이 된다. 혼자인 것의 자유로움과 넉넉함. 관광객들 사이에 혼자 배낭을 메고 걷는 외국인과 눈이 마주쳤다. 너는 진짜의 삶을 사는 멋쟁이구나! 부럽다! 혼자 하는 여행은 자신의 존재를 느끼며 주변의 나무, 흙, 풍경, 사람, 그리고 무엇보다 자기 자신을 잘 들여다보기 위함이리라. 자기에게 던지는 수많은 질문에 대해 깊이 생각하게 되는 것. 바쁜 사람들이 지배하는 세상에 대해, 미친 듯한 리듬을 타고 돌아가는 우리의 삶에 대해, 홀로 하는 여행은 고독을 통한 자유의 경험을 흠뻑 즐기게 한다.

　넓은 바위 위에 펼쳐진 풍경을 그리려 조심스레 앉았다. 한 발짝 정도의 거리가 그림의 구도를 다르게 하니 아찔해도 앞으로 갈 수밖에 없다. 아래에다 눈을 맞추면, 거대한 입 속으로 빨려들 듯 현기증이 난다. 나는 하늘 쪽으로 자꾸만 시선을 둔다. 거의 그림이 끝날 무렵 데구르르 지우개가 아래로 굴러 떨어진다. 맙소사!

　빗방울이 하나 둘 떨어지네. 그래! 아래에 있는 바틀라암 수도원도 구경하라는 성모님의 사인이지! 얼른 가방을 챙기고 비디오를 쥐고 들꽃을 구경하며 수도원으로 향한다.

빗방울도 떨어지고 하니 관광객 숫자가 삼분의 일로 줄었다. 오랜만에 홀가분하게 비디오 촬영을 한다. 짝꿍 수녀님이 없으므로 자유롭게 찍는다. 입구부터 천천히 나레이션을 깔며 빙빙 돌아가는 계단을 따라간다. 주변 풍경들은 파노라마로 펼쳐져 비디오 속에 새겨진다.

찍을 수 없는 성당 안도 자세히 찍었다. 다행히 아무도 없다. 짝꿍 수녀님이 옆에 있었다면 또 피가 마르셨을까. 모퉁이를 도니 엄청나게 큰 나무로 만든 술통이 한 방 가득하다. 어마어마한 크기의 이 술통을 어떻게 만들었을까? 또 이 많은 양의 술은? 궁금증을 얼른 비디오에 담는다. 혼자서 비밀스런 일을 하니까 웃음도 나고 수녀님 생각이 난다. 이렇게 많은 것을 자세히 찍은 줄 알면 수녀님 표정이 어떨까?

비는 그 사이 그치고 구름이 장관이다. 바틀라암 수도원을 나와 또 다른 요새를 찾았다. 우선 만들어 온 도시락부터 먹기로 한다. 식사 전 내 발이 들어간 점심식탁을 사진으로 담았다. 혼자서 쇼를 하네! 하하하! 과일까지 뚝딱 해치우고 바틀라암 수도원 전경을 그렸다. 고즈넉한 시간이 지나간다. 또 다른 메테오라를 만나기 위해 가방을 챙긴다. 야생화들이 즐비하게 피어있는 산중턱에 앉았다. 어제 떨면서 오른 트리니티 수도원이 구름과 어울려 멀리서 손짓을 한다. 절묘하다.

편하게 앉아 스케치를 한다. 이 장소는 요새가 아니라 들판 한 가운데다. 지나가는 관광객이 슬쩍슬쩍 훔쳐보며 웃는다. 남편 따라 스케치 여행하며 배운 '모르쇠 작전'이 이번에 유용하게 잘 쓰인다. 짧은 시간에 정성을 기울여 그림을 여러 장 그리고 나니 갑자기 피곤이 몰려온다. 그러나 이제부터 손이 슬슬

이 위대한 자연과 인간이
이루어낸 경이로운 합작품을
온몸으로 가만히 느껴보자

풀리려 하는데 멈출 수는 없다. 에스키스처럼 이곳저곳을 간단하게 처리하며 그려낸다. 아니! 이게 더 재미있네.

 어느덧 약속한 시간이 되었다. 어느 때보다 몸은 피곤했지만 마음은 뿌듯하다. 우리는 잠시 헤어져 있었는데 그 사이 큰일을 해낸 것 같다.

두 평 성당에서 예수님을 만나다

조이는 여전히 쾌활하게 웃으며, 오늘 저녁 아주 작은 수도원에서 축성식 행사가 있으니 함께 가자고 한다. 대주교님께서도 오시는 특별 미사니 더욱 좋을 것이라며 재촉한다. 우리는 신나게 그 곳으로 갔다. 벌써 신자들은 하나 둘씩 모이고, 수녀님과 신부님도 모이기 시작한다. 나는 짝꿍 수녀님에게 오줌보가 터질 것 같다고 살짝 도움을 청한다. 그림에 열중한 나머지 때를 놓친 거다. 수녀님은 적당한 장소에서 해결하는 수밖에 없다고 뒤쪽을 눈짓으로 가리킨다. 미사가 끝날 때쯤 오겠다고 약속한다. 화장실을 찾아 슬그머니 언덕을 오른다.

커다란 버섯 모양 바위 위에 얹혀 있는 자그만 수도원. 꼭대기엔 현대식 엘리베이터 상자처럼 생긴 도르래가 놓여있다. 목이 꺾일 것 같은 급경사의 풍경을 보고 뒤를 도니 화장실이다. 화장실의 반은 툭 튀어나온 자연석이 차지하고 있고 그 뒤에 조그만 변기가 놓여 있다. 이 곳 아니면 도저히 볼 수 없는 특별한 형태. 적절한 때에 도와주심을 감사드리고 이곳도 비디오에 담았다. 아직은 바깥이 보이는 시간이라 먼저 이 작은 수도원도 그려본다.

또 한 장. 저물어가는 수도원 뒷산의 하모니도 그린다. 오늘 하루에 그려진 그림이 화첩 하나 가득하다. 불꽃 튀는 소재를 만나면 화가는 불나방처럼 자신을 태워도 좋으리라! 원도 한도 없을 만큼 열정을 쏟아 부은 뒤, 뿌듯함과

육체의 장애보다 더 무서운
정신의 장애는 왜 보지 못하느냐?
보이는 외적인 조건은 항상 바뀌지만
젊은 두사람이 한마음으로 사랑한다면
이루어내지 못할께 뭐냐?

허전함의 교차. 아래서는 미사가 시작되었다.

또 다른 풍경의 작은 수도원을 비디오에 담는다. 나선형처럼 생긴 좁은 난간대를 타고 오른다. 천천히 영상 속으로 들어오는 아랫마을 메테오라에 반한다. 찍을 수 없었던 신부님과 수녀님 모습도 줌으로 당겨 마음껏 찍었다. 계단을 돌고 또 돈다. 마지막 커브를 돌고 작은 수도원으로 들어서는데 비디오 속에 갑자기 예수님이 나타나셨다. 깜짝 놀라 비디오에서 눈을 떼니, 황금빛 배경의 등신대 십자가가 보인다. 홀로 맞이한 두 평 가까운 아주 조그만 성당, 정면에 십자가가 서있다. 왜 이리도 슬픈 눈의 예수님께서 나를 기다리고 계실까? 울컥 뜨거운 눈물이 솟는다.

하루동안 세포가 터질듯 맹렬히 달려온 이순간, 지금까지 살아오면서 심장이 터질듯 아팠던 많은 기억들이 파노라마처럼 스쳐간다. 10살의 나이차이와 왼손이 없는 열정의 청년화가를 사랑했던 나는 큰벽에 부딪쳤다. 끔찍이도 막내동생을 사랑했던 오빠와 나, 오늘은 담판을 내는 날이다. 컴컴한 공장 안의 큰 대나무통들 사이에서 둘은 마주 앉았다. 오빠의 질문에 시원한 답을 내놓지 못할땐 기다란 세개의 각목이 어떤 모양으로 바뀔지 알수없다. 육체의 장애보다 더 무서운 정신의 장애는 왜 보지 못하느냐? 보이는 외적인 조건은 항상 바뀌지만 젊은 두사람이 한마음으로 사랑한다면 이루어내지 못할께 뭐냐? 순간 비명과 함께 부서지는 각목, 그리고 짙은 어두움.

뚝뚝 떨어지는 눈물과 함께 어머니의 따뜻한 손길이 내등을 어루만지신다. 애야 넌 막내로 자라 사랑만 받고 자랐는데... 그 사람, 자랄때 엄마의 사랑을 받지 못했다며? 니가 12폭치마로 감쌀 자신이 있냐? 그 각오만 할 수 있다면 엄마는 괜찮다. 그리고 잊지마라 12폭 치마를...

그 어머니의 딸은 또 그녀의 딸을 분만하고 있다. 이 세상 모든 엄마들이 경험하는 이 위대한 순간. 14시간의 진통끝에 탄생한 아이. 산고의 끝자락. 무의식의 나락으로 떨어지며 시간은 길게 길게 늘어져 영원을 향하고, 아! 나는 드디어 여자에서 어머니가 되었다.

갱년기가 지나는 50 후반의 여자, 몸은 모래가 빠져 나가듯 헛개비 같고 아직은 펼치지 못한 아쉬운 꿈들이 현실의 복잡한 조건들과 뒤엉켜있다. 이제는 자신의 삶을 살고 싶은 그 열망의 끝자락에서 만난 슬픈 눈의 예수님. 흐르는 눈물과 콧물을 내버려둔 채, 이기적인 나, 욕심 많은 나, 비겁한 나, 차가운 나, 덤벙대는 나, 낭비하는 나, 질투하는 나, 속 좁은 나, 병든 나, 약한 나, 원망하는 나, 상처받은 나를 만난다. 이렇게 무지렁이 같은 나를 바라보시는 안타까운 눈의 예수님을 차마 바라볼 수가 없다.

얼마나 지났을까? 아래에서 부르는 미사곡이 이 작은 수도원을 휘감고 이곳까지 들린다. 갑자기 가슴이 시원해지고 깃털처럼 가벼워져 날아갈 것 같다. 그제야 작은 성당을 둘러본다. 성당 모퉁이에 둥근 테이블 위로 모래를 넣어 초를 밝히도록 만든 것이 눈에 들어온다. 가느다란 밀랍 초를 서른 개 사서 모래 위에 빼곡히 꽂는다. 고마운 은인들과 가족, 친구, 친척, 대녀, 이 여행에서 만난 수도자들, 대주교님, 백 수녀님. 셀 수 없이 많은 고마운 분들을 위해 하나하나 촛불을 밝힌다. 조그만 성당. 갑자기 환한 촛불의 향연이 꿈꾸는 축복의 시간을 만들어낸다. 아! 그냥 가만히 머물고 싶다. 그 분의 품 안에.

홀로 맞이한 두 평 가까운
아주 조그만 성당,
정면에 십자가가 서있다.
왜 이리도 슬픈 눈의 예수님께서
나를 기다리고 계실까?
울컥 뜨거운 눈물이 솟는다.

웃음까지도 폭발하게 만드는 곳, 메테오라

작은 성당의 마당에서 미사를 마친 대주교님과 나이 드신 신부님, 수도자들과 교인들이 다과를 나누며 담소하고 있다. 백 수녀님은 나를 보더니 얼른 가까이 오라고 손짓한다. 가장 연로하신 신부님께 소개를 올리며 인사드리라고 한다. 한국도 다녀가셨고, 소티리오스 대주교님과도 친구 사이로 작곡도 하시는 멋쟁이 신부님이시다. 기다란 흰 수염과 까만 수도복, 깊은 눈동자, 인자한 미소, 따뜻한 손. 이곳에서 뵙는 신부님들에게는 왜 더 가슴 깊이 우러나는 존경이 느껴질까? 외적인 모습 때문만은 아닐 것이다. 수천 년을 이어온 그리스도를 향한 삶. DNA 속에 녹아 다져진 절제와 순명. 그 분들의 모습 앞에 고개가 숙여진다. 가만히 웃으시며 그림을 보여 달라고 하신다. 수줍게 내민다. 과분한 칭찬을 하시며, 바오로 사도의 길에 축복기도를 해 주시겠단다. 오늘 하루는 나의 온 세포가 팽창되어 터질 것만 같다.

조이는 우리를 위해 맛난 저녁을 준비해 놓았다. 내일이면 헤어진다는 아쉬움이 우리를 더 단단히 엮어놓는다. 조이는 집에서 담근 포도주를 딴다. 몸도, 마음도 원하고 있다. 오늘은 취하고 싶다. 조이는 싸구려 그림들을 몹시도 자랑하며 집안 얘기로 열을 올린다. 아! 그래 오늘은 무엇이라도 OK다. 조이! 당신의 웃음은 백만 불짜리야. 우리나라에는 한 번 웃을 때마다 보약 한 첩이라는 속담도 있다구. 당신 덕분에 얼마나 많은 보약을 먹었는지, 고마워.

나의 얘기를 듣더니 흥분한 조이는 저 쪽 방에서 아기만한 인형을 꺼내온다. 조카들의 아이가 놀러오면 아기들과 함께 노는 인형이란다. 그런데 조이는 입이 찢어져라 웃더니, 인형의 배를 탁 때린다. 인형에서 갈갈갈갈 배꼽 빠지는 웃음이 터져 나온다. 웃음은 웃음을 만들고 드디어 우리는 웃음을 멈출 수 없는 지경이 됐다. 에구, 에구 이 장면도 찍어야지. 비디오 카메라를 돌린다. 눈물 콧물이 범벅되어 배꼽이 빠지는데도 웃음이 멈추지 않네.

이 장면에서도 잔잔한 웃음만 짓는 수녀님은 도대체 어떤 경지까지 수련이 된 거지? 아픈 배를 쥐고 겨우 진정이 되었다. 비디오를 켜서 찍힌 걸 다시 본다. 또 다시 우리는 웃음의 폭풍 속으로 들어갔다. 메테오라에는 웃음까지도 커다란 기로 폭발하게 하는 힘이 있다.

새벽부터 비가 내린다. 기어코 수녀님이 몸살이 났다. 몸도 고되셨지만 망둥이처럼 설쳐대는 나를 지켜 주기도 많이 힘들었을 것이다. 수녀님은 집에서 쉬기로 하고 나는 조이에게 운무에 싸인 메테오라를 볼 수 있게 마을 뒷동네에 있는 성당으로 데려다 달라고 했다. 우리는 점심식사에 맞춰 다시 만나기로 했다. 대형 식빵처럼 생긴 거대한 통 바위를 배경으로 종마루와 성당이 그림처럼 펼쳐져 있다. 이 바위는 정말 어마어마하게 크다.

이 성당 역시 지금까지 보아온 품격 높은 비잔틴 시대 성화들로 가득 채워져 있다. 외벽은 벽돌로 아기자기하게 문양을 넣어 만들었다. 그래서 성당은 더욱 정겹고 따뜻하게 보인다. 무엇보다 종탑의 형태와 규모가 거대한 식빵

수천 년을 이어온 그리스도를 향한 삶.
DNA 속에 녹아 다져진 절제와 순명.
그 분들의 모습 앞에 고개가 숙여진다.

바위와 절묘한 조화를 이룬다. 가만히 멈추어 서서 이 신비로운 구름의 선무에 흠뻑 빠진다. 지금까지 보아 온 메테오라와는 또 다른 맛이다. 사람들이 옹기종기 살고 있는 마을을 배경으로 상상하기 힘든 식빵 통 돌과 그 사이에 신비한 분위기를 한껏 연출하는 운무. 이 엄청난 바위의 기운을 이 동네 사람들은 어떻게 견디며 생활할까? 홀린 듯 비디오 카메라를 켠다. 구름이 만들어내는 비경들을 정신없이 비디오에 담다보니 인적이 뚝 끊어진 올리브 나무 숲길이 나타난다. 조금 걸으면 다르고 조금 더 걸으면 또 다른 풍경이다. 변화무쌍한 풍경의 변화에 빠져 나는 의식이 없는 것 같다.

얼마를 갔을까? 그런데 갑자기 묘한 느낌이 든다. 천천히 비디오를 내리고 주변을 둘러본다. 온몸에 소름이 돋는다. 지금까지는 위에서 아래를 보는 위치에서 그림을 그렸는데, 지금은 완전히 땅에 발을 딛고 이 거대한 바위들에 둘러싸여 바위들이 나를 내려다보고 있다. 어제와는 뒤바뀐 상황이다. 그러면서 운무는 저 쪽 세상의 괴기스럽기까지 한 교교함을 흘려보낸다. 갑자기 머리털이 쭈뼛 선다. 얼른 우산과 비디오를 배낭에 넣고 무엇에 쫓기듯 정신없이 뛴다. 아! 내가 이렇게까지 깊숙이 들어왔었나?

발은 무엇이 잡아당기는 것 같고, 짧은 시간인데도 돌아가는 길은 왜 이리 멀기만 한지.

한참 후 개들이 짖는 소리가 들린다. 드디어 마을이 나타나고 나는 숨을 고른다. 이 엄청난 메테오라의 모습을 어떻게 잊을까? 이곳에서 태어나 지금까지 메테오라와 한 몸이 되어 살고 있는 "조이"는 이 엄청난 기운을 받으며 호탕하게 살 수 밖에 없는 강한 인간이다.

안전지대에 들어오니 조금 전 체험이 꿈속인 듯하다. 영원, 억겁, 태고, 우주, 심해, 무한...

앞으로 나는 이러한 단어들을 만날 때 이전보다 훨씬 더 깊은 울림을 느낄 것 같다. 이 거대한 기운들 속에서도 야생화들이 여기저기 피어있다. 우산을 받쳐 들고 카메라 속에 열심히 담아 본다. 장대한 이곳과 조그만 야생화. 그래서 더 사랑스럽다.

종류도 얼마나 많은지 이 꽃들을 찍은 사진만으로도 화첩 하나가 되겠다.

영원, 억겁, 태고, 우주, 심해, 무한...
앞으로 나는 이러한 단어들을 만날 때
이전보다 훨씬 더 깊은 울림을 느낄 것 같다.

간절히 원하는데 하늘이 도와주시지 않을까?

아직 약속한 시간은 많이 남아 있어 골목골목을 누비다가 막다른 길을 만났다. 창고처럼 생긴 묘한 집이 나타난다. 그리고 싶은 집이다. 마침 맞은 편에 비를 피할 수 있게 110도 경사가 진 바위가 만들어 주는 오붓한 공간이 있다. 비에 젖은 이끼들은 더욱 풍경을 생생하게 하고, 아무도 없는 비오는 바위 밑에서 스케치북을 펴고 혼자 그림을 그린다. 비는 내리고, 알 수 없는 이곳에 앉아 있는 이 순간, 이 상황이, 하늘이 주신 명을 다 한 후 올라가야 하는 때를 느끼게 한다.

외롭고, 높고, 쓸쓸하고도 두려운 순간. 가만히 떨어지는 빗방울을 눈에 담으며, 짧은 시간 동안 메테오라와의 열정적인 시간을 곱씹어 본다. 화창한 날의 메테오라, 석양의 메테오라, 기괴했던 메테오라, 구름 속 메테오라, 달빛 메테오라, 안개 속 메테오라, 가까이서 본 메테오라, 멀리서 본 메테오라. 여러 얼굴의 메테오라는 맑은 영의 수도자들의 기도와 합쳐져 있다. 영적 기운이 배어나는 신비스러운 이곳은 그리스 여행에서 나를 가장 높이 들어 올려준 장소이다. 세상 안에 살지만 영원한 것을 바라보고, 눈을 감고 고요한 시간을 가지며, 힘들 때면 맑은 이곳을 떠올리리라. 누군가에게 보여주기 위한 삶이 아니라 그 분 앞에 서 있기에 넉넉한 삶이 될 수 있도록 해야지.

너무나 작은이로 오시어 보이지 않는 하느님! 당신의 길로 가도록 저를 이끌어 주소서. 나를 통해 주님을 드러낼 수 있는 길은 지극히 겸손한 삶을 살아 가는 것, 그것뿐임을 언제나 깨닫게 하소서.

짧은 시간 안에 엄청난 경험들을 만들어 준 메테오라를 떠나며 시간에 대해 다시 생각하게 된다. 감동과 감동이 만나고, 오감을 열어 놓을 때, 시간은 몇 곱의 에너지로 환원된다는 것을 체험했다. 짧고 진하게 느끼라는 그 분의 뜻이라며 방긋 웃으시던 수녀님의 예언이 정확하게 맞았다. 간절히 원할 때 하늘이 도와주시지 않을 리가 없지.

지금까지 라면 포트는 제 몫을 다했으니 조이에게 선물한다. 조이는 깜짝 놀라며 집에서 담근 올리브와 천연꿀, 당뇨에 좋다는 계피가루, 그리스 커피를 끓일 때 쓰는 아주 조그만 주전자 들을 자기를 잊지 말라는 당부와 함께 싸 준다. 언어는 통하지 않았지만 아이와 같은 두 마음이 만나 어느 때보다 신나고 많은 추억을 만들어 주었다. '조이'라는 말 그대로 즐겁게 살아가는 조이. 꽃보다 사람이 아름다운 것을 보여준 당신을 잊을 수 없을 거예요. '메테오라'와 '조이', 사랑해요.

이별을 서운해 하듯 폭우가 쏟아진다.

버스를 타고 우리는 대주교님의 고향인 아르타로 향한다. 차창 밖으로 쏟아지는 비는 우리를 더욱 감상에 젖게 한다. 여행도 이젠 막바지에 다다랐다. 나흘 후면 서울에 있을 거라고 생각하니 좋기도 하고 아쉽기도 하다. 비에 젖은

길고 흰 수염을 한 그리스 분.
평생을 신께 바쳐 완숙의 경지에 이른 분.
정신은 최고의 높은 곳에 두고,
몸은 최대로 낮추신 분이다.

그리스 중부의 시골 마을들이 정겹다. 이 폭우 속에서 길 위로 50마리 정도의 양떼를 몰고 가는 할아버지가 보인다. 언젠가 대주교님께서 '양떼'라는 표현을 '양마리'라고 하셔서 박장대소 한 적이 있다. 한 마리 두 마리에서 나온 '마리'와 '양'이 합쳐져 '양마리'가 되었다. 너무 귀여운 표현이어서 두고두고 웃음이 난다.

  슬픈 풍광 위에 웃음이 포개지면서 대주교님을 뵈러가는 길에 수녀님과 나는 가슴이 설렌다. 지금도 나는 대주교님을 처음 뵙던 날을 잊을 수 없다. 온통 산으로 둘러싸인 가평 정교회 수도원이었다. 성악을 하는 내 친구와 그의 제자와 함께 소나무 외길을 깊숙이 지나 온통 산으로 둘러싸인 안개 속의 작은 수도원에 다다랐다. 길고 흰 수염을 한 그리스 분. 세속에 발을 딛지 않고 사실 것 같은 신령스러운 모습이었다. 평생을 신께 바쳐 완숙의 경지에 이른 분. 가지고 간 묵주기도 성화들을 천천히 눈으로 읽으시고 예민하게 깊은 영성의 눈으로 보신 느낌을 말씀해 주신다. 영적으로 깊은 곳에 이르신 분이 예술적 영감까지도 갖추시다니... 온 몸에서 우러나는 존경을 드릴 수밖에 없다. 인자하신 사랑의 눈과 범접할 수 없는 존엄의 눈을 동시에 느끼는 첫 경험을 했다. 아! 그래, 꿈속에 나타난 그 눈빛! 정신은 최고의 높은 곳에 두고, 몸은 최대로 낮추신 분이다.

  누구보다 한국을 사랑하셔서 서른다섯 해 동안 한국에서 생활하시고 당신의 묘까지 한국 수도원에 만들어 놓으신 분이다. 이런 인연의 끈들이 지금의 여행으로 이어졌다. 바오로 사도께서 아시아 끝까지 선교하신 여정과는 반대로 그리스에서 한국으로 선교의 길을 떠나신 대주교님. "2000년 전 사도 바오로를 따라"라는 부제로 시작된 평화신문의 연중 기획에 대주교님의 기고와 나의 그림이 연재된다. 대주교님의 치밀한 여정 계획은 이스탄불에서 시작하여 터키 10일, 크레타섬 흐리소피기 수도원 10일, 그리스 중요 유적지 10일, 합쳐서 장장 30일 간의 긴 여행이다. 대주교님의 글을 따라 여행한 곳에서 바오로 사도를 기억해 보는 것이다. 그 곳에서 그 순간을 다시 느끼고 그림으로 표현한다. 일상에 젖어 살던 50중반의 내 삶 속에도 가슴 뛰는 일이 일어난 것이다.

대주교님의 고향이 가까워올수록 산세는 험해지고 캄캄한 차창 밖으로는 범상치 않은 풍광이 나타난다. 드디어 아르타에 도착했다. 지금까지 힘없는 아기처럼 쓰러져 있던 수녀님이 대주교님을 뵙자마자 아빠 품에 안긴 애기가 된다. 방글 방글 웃음꽃이 피고 튀는 공이 되었다. 놀랍기만 하다, 사랑의 힘

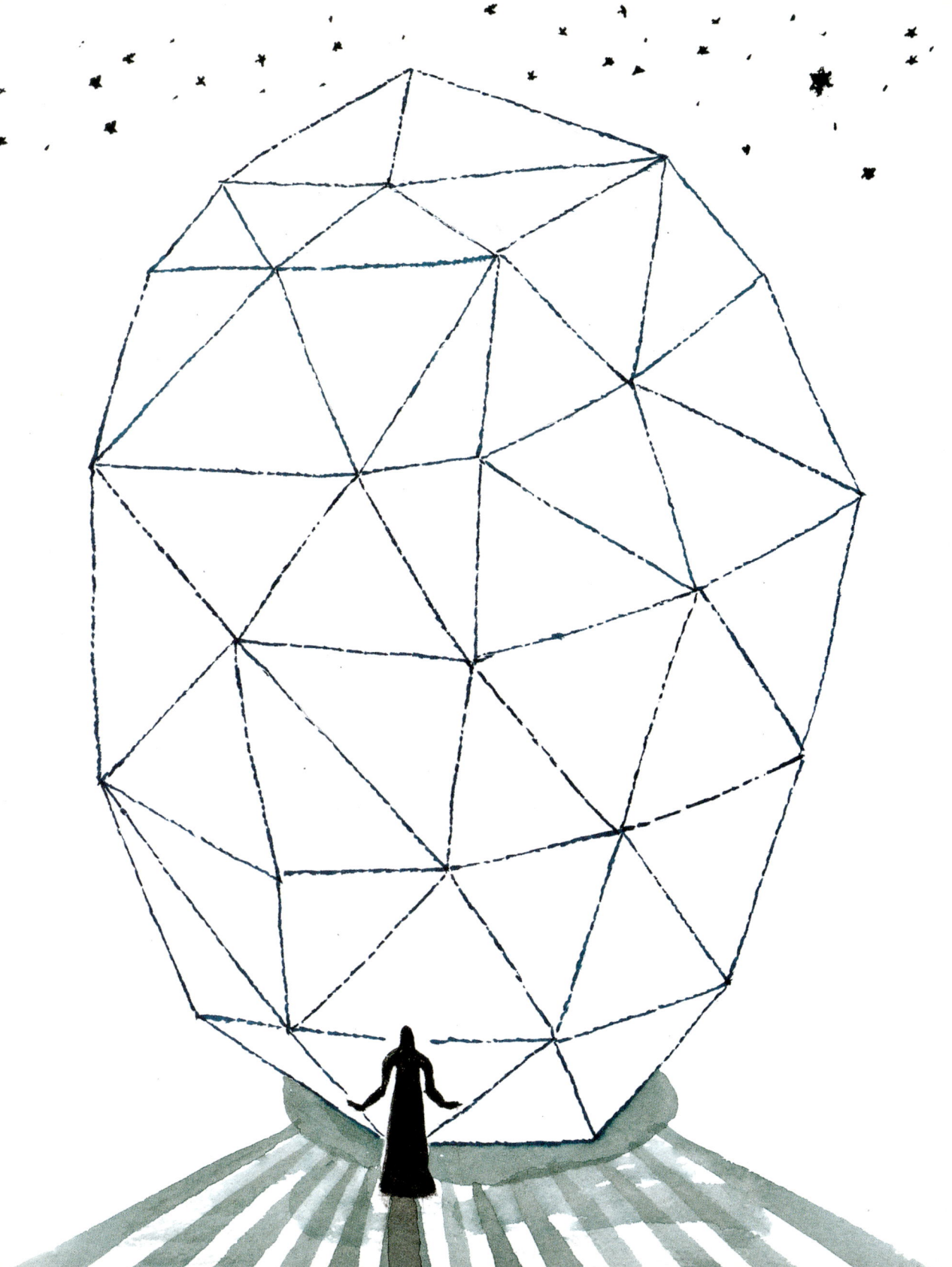

은! 대주교님을 꼭 닮은 조카, 조그만 체구에 오똑한 콧날, 귀여운 모습의 조카가 대주교님과 함께 마중을 나왔다. 우리는 보름 동안의 여행 얘기를 전해 드리며 또 다른 수도원으로 향했다.

캄캄한 밤에 도착한 수도원. 큰 문이 열리고 수녀님이 나온다. 깨끗하게 꾸며진 손님 접대용 침실로 안내해 준다. 순백의 방이다. 세심하게 작은 것까지 배려하시는 대주교님의 넘치는 사랑을 보며 나 스스로를 꾸짖는다. 성급하고 이기적이고 걸핏하면 화내는 나. 자아만 살아있는 빳빳한 마음보다 모자란 듯해도 감성에 물기가 있고 옆 사람을 위해 마주앉을 자리와 시간을 내어줄 줄 아는 촉촉한 마음을 가져야겠다.

모든 마음이 당신께로 열리고
모든 의지가 당신께 이야기하고
어떤 은밀한 것도
당신께는 숨기지 못하옵기에
당신께 청하오니 당신 은총이라는
이루 형언할 수 없는 선물로
제 마음의 지향을 정결케 하시어
당신을 온전히 사랑하고
합당하게 찬미하게 하소서.

- 〈무지의 구름〉에서

아르타 고고학 박물관들을 방문했다.
가는 곳마다 대주교님의
옛 친구들이 함께했다.
오랜 세월 끈끈한 사랑으로 맺어진
노인 분들의 모습은 가히 예술이다.

청포도 넝쿨이 긴 회랑을 만들어내는 ㅁ자형 수도원. 크레타섬의 흐리소피기 수도원과는 또 다른 색깔이다. 오백 년은 족히 지났을 것 같은 성당을 중심으로 네모난 정원은 유실수들이 꽃처럼 열매를 달고 있다. 이곳의 수녀님들은 연세가 퍽 높으시고 편찮으신 분도 꽤 여러 분 보인다. 세상 돌아가는 이야기가 궁금하신지 백 수녀님에게 많은 질문들을 하신다. 모처럼 고향에 들르신 대주교님 집전으로 미사가 시작된다. 고향 분들과 친척에 둘러싸인 대주교님 모습이 평화스럽다.

어린 시절 대주교님이 공놀이하며 지내신 아르타의 옛 성당들과 아르타 고고학 박물관들을 방문했다. 가는 곳마다 대주교님의 옛 친구들이 함께했다. 오랜 세월 끈끈한 사랑으로 맺어진 노인 분들의 모습은 가히 예술이다. 말 없는 시선 속에 하나 된 유대감. 몸짓 하나에도 절절한 공감대. 성숙한 분들의 아름다운 분위기가 사도 바오로께서 뿌리신 또 하나의 열매라는 생각이 들었다.

대주교님 가족들이 점심 식사에 초대해 주셨다. 두 시간 거리에 살고 있는 조카 내외, 동생 내외분, 형수님, 또 다른 조카들과 애기들. 모처럼 방문하신 대주교님을 중심으로 집안 잔치가 열렸다. 풍성한 식탁과 이런 일이 몸에 익은 여자들의 요리솜씨와 식탁을 도와주는 젊은 조카들의 손놀림이 예사롭지 않다. 양고기를 덩어리 채 삶아서 만든 요리와 야채들과 감자에 올리브기름을 듬뿍 넣어 오븐에 구운 요리, 샐러드, 치즈와 포도주, 삶은 야채 등등 다양한 음식들이 놓여진다. 집안 구석구석의 장식들도 따뜻함을 뿜어내고 있고 큰 어른의 사랑이 여러모로 드러나는 순간이다. 애기들의 천진함도 조카들의 따뜻함도 모든 것이 대주교님을 축으로 만들어낸 아름다운 원이다. 자연의 위대함도 감동이지만, 사람이 만들어내는 사랑 또한 가슴 뭉클한 감동이다.

지금까지 그려온 그림들을 보여드리고, 사랑의 축제 속으로 우리들은 풍덩 뛰어들었다.

아르타 고고학 박물관의 큐레이터와 함께 사도 바오로께서 겨울을 지내셨다는 니코폴리스를 방문했다. 성벽 잔해와 거대한 극장, 배 모양의 스타디움들이 석양을 배경으로 더욱 근사하다. 초대 그리스도인들의 거대한 성전 중의 하나는 길이 75m에 폭이 48m에 이르는 규모이고 바닥은 섬세한 모자이크로 장식되어 있는데 이런 바실리카가 여덟 군데나 발굴되었다. 이렇게 웅장한 성전들은 초대 그리스도교 당시 사도께서 뿌리신 열정의 씨앗이 훌륭한 열매를 맺었다는 것을 증명한다. 대주교님께서는 이곳에서 흐르는 강물이 주교님 고향 아르타까지 한 줄기로 흘렀다고 하신다. 어린 시절 그 분과의 인연을 생각하며 크게 감동하셨다는 이야기.

다음 날 아르타를 출발해서 그리스에서 세 번째로 크다는 항구 도시 파트라로 향한다. 가는 도중, 하늘은 대단한 구름의 공연을 우리에게 보여준다. 차 안의 감미로운 그리스 음악과 함께 모세의 구름이 되었다가, 베토벤의 영웅이 되었다가…. 하늘이 빚어내는 거짓말 같은 공연에 취하며 주님께서 주시는 보너스에 감사드린다. 피곤한 여행길이라 차 속에서 푹 기대어 좀 쉬시라고 권했지만, 대주교님은 차 안에서는 쉬어지지 않는다며 꼿꼿한 자세로 앞을 응시하며 가신다. 높은 연세에도 불구하고 흐트러짐 없는 수도자의 모습이 경건하기 이를 데 없다. 점심식사를 준비해 둔 수도원을 향해 깎아지른 산길을 돌고 또 돌아 첩첩산중의 수도원에 도착했다. 그리스의 산들 역시 유구한 역사를 자랑하듯 장대하고도 깊다. 산과 바다를 동시에 끼고 있는 이 수도원 또한 대주교님과 인연이 깊은 곳이다. 정갈하고도 맛있는 생선요리를 대접 받았다. 까만 수도복의 물결 속에 둘러싸인 대주교님과 수녀님.

그리스 본토에서 뵙는 대주교님의 위엄과 자애로움이 더욱 새롭다.

역사 속 그분의 숨결

우리는 휴양지로도 손꼽히는 파트라에 도착했다. 바닷물이 호수처럼 도로변에 찰랑거리고, 온갖 예쁜 배들이 항구에 모여 있다. 백조와 오리들이 정겹게 노닌다. 이곳에 대주교님의 누님 아들이 살고 있다. 조카 분 사무실 앞이 바로 성 안드레아 성당이다. 성 안드레아는 사도들 중 한 분으로 엑스자 형 십자가에 매달려 순교하셨다. 그 순교 장소에 성당이 세워졌고, 지금도 무덤과 십자가가 보관되어 있다. 성당을 둘러보고 대주교님의 조카와 우리는 누님 무덤으로 갔다. 벨라의 알렉산드로스 대왕 무덤이 발굴된 박물관에서 본 무덤의 형태들이 완전하게 이해되었다. 흐리소피기 수도원에서와 같은 방식으로 기도와 함께 초와 향을 올린다. 연로하신 대주교님은 바쁜 일정에도 불구하고 온갖 세심한 배려를 놓치지 않으신다.

  우리는 다시 역사의 장소 고린토를 향해 출발한다. 고린토 박물관을 관람했다. 사도 바오로께서 로마 총독 갈리오의 재판을 받던 단상 앞에 우리는 섰다. 유대인들에게 고발당한 사도께서는 로마 총독의 석방 판결로 풀려나셔서 전도 사업을 계속하셨다. 산 위의 아크로폴리스와 그 당시 잔해들이 역사 속 그분의 숨결을 감지하게 한다. 이 여행의 끝자락에서 사도 바오로께서 베풀어 주신 이 넘치는 사랑에 가슴이 벅차오른다. 사도 바오로 성당을 방문하기 전, 대주교님께서는 말기 암을 앓고 있는 이 도시 정교회 신자 댁을 방문하셨다.

고린토에서 그것도 바로
바오로 성당에서 바치는 마지막 기도!
눈물이 핑 돈다.
대단원의 막이 내려지는 순간이었다.

나는 대주교님을 향한 존경으로 점점 더 머리가 숙여진다. 미리 선물도 준비해 놓으시고, 이 바쁜 일정 속에 사랑을 실천하시는 대주교님. 짧은 일정 가운데 조그만 자투리 시간도 귀하게 활용하시는 모습. 모두 가슴 속 깊이 담아둘 것이다. 고린토 시에 세워진 웅장한 사도 바오로 성당. 어스름 녘 우리들이 도착했을 때는 이미 성당 문이 굳게 닫혀 있다. 그러나 대주교님께서 말씀하시니까 환하게 불을 밝혀준다. 거대한 등이 인상적인 이 성당에서 대주교님께서 사도 바오로를 따라가는 여행에 그 분께 바치는 마지막 기도를 올려주신다. 그것도 우리말로!

고린토에서 그것도 바로 바오로 성당에서 바치는 마지막 기도! 눈물이 핑 돈다. 대단원의 막이 내려지는 순간이었다. 대주교님께서 짜 주신 일정을 따라 긴 시간 수없이 많은 감동 속에 막바지에 이른 여행길. 진정한 사도 바오로의 정신으로 사시는 분이 바로 곁에 계시는구나. 터키와 그리스를 크게 한 바퀴 돌고 나서 비로소 드는 깨우침이다.

큰 깨달음이 구름을 만들고 은총의 단비가 촉촉히 내려온다.

니코폴리스에서 대주교님과

고린토에서 대주교님과 함께

메테오라에서 호탕한 조이와 함께

대주교님의 가족들과 함께한 식사.
사람들이 만들어내는 아름다운 축제다.